豊かな読みを子どもたちに

小学 国語

文学・説明文の授業

1年

児童言語研究会【編】

子どもの未来社

発刊にあたって

三輪　民子

学校現場にも世代交代の風が吹き、若い先生方が多くなりました。その先生方に、「やってみたい！」と思える読みの授業をどのように提供すればいいのかと、近年考えてきました。子どもが「おもしろい！」と乗ってくるには、先ず、先生に「なるほど！」という納得のいく授業構想がなければならないでしょう。納得のいく授業をどのように考えるのか。ひとことで言えば、教材を通して教室に学び合いを創り出す授業です。子どもが教材に心を揺り動かされるには、教師の教材に対する思いが大きく影響します。子ども一人ひとりの読みに共感し学び合いを創りだすには、教師自身の読みが問われます。納得のいく授業構想は、教師が教材に向き合うことから始まると考えます。しかし、忙しい現場ではそのための時間も余裕もないというのが正直なところでしょう。

本書では、このような考えの基に「一読総合法」という読みの方法を提案します。この方法は教師が教材に熟知することを求めつつ、子どもの主体的な読みをだいじにし、その読みに依拠して進めるものです。初めて実践する先生にもわかりやすい手引書となるように一時間一時間の教師の読みと展開をていねいに書きました。また、一時間の授業が一目でわかる毎時間の板書や授業記録もあります。先ずは、本書を片手に授業に取り組んでみて下さい。

「一読総合法」の特徴について、もう少し詳しく述べると次の通りです。

一つは、教材文の全文を読ませずに、毎時間部分部分を読み、全文に到達することです。この方法は、読書の自然な読みの姿を取り入れて、読んでは少し立ちどまり、次はどうなるだろうというワクワク感や期待感を子どもに持たせることになります。また、全文を読み通すことに困難を感じる子どもも、短い範囲で全力投球できます。この全力投球の読みが、次に挙げる二つ目の特徴ともいえます。

すなわち、子ども自らが文章に向かって、持てる力（知識、体験、感情、感性など）を総動員して読むことです。授業の始めに「ひとり読み」という学習活動を置き、自力で読むことを通して自身のなかに湧き起こるさまざまな思い（反応）を書くことで、読みを明確にしていきます。つまり、書きながら読むということです。一般的な授業では、先生が課題を与えてそれに沿って読むことで、課題解決を図ることが多く見られます。また、昨今の公開授業では、目的意識を持って読むことが求められ、たとえば、「～図鑑を作る」ために、また「好きなところを紹介する」ために読むことが進められています。しかし、本来の読む楽しさは、このような課題を与えられるものではなく、文章に書かれている内容に刺激され、触発されるものです。子ども自身の持てる力を掘り起こしていくところに、読む力も育ちます。

三つ目は、「話し合い」の学習活動を通して、読み深めていくことです。一人ひとりの読みの内容を出し合い、話し合うことによって、多様な読みの見方、感じ方、考え方が語られ、教材内容を深く理解していくことになります。

それだけでなく、他者の読みに刺激されて自らの読みを振り返り、厚みを加えていく場にもなります。ここでは、教材を通して語り合うことの楽しさをも体験することになるでしょう。

教室における個の学びと学び合いが重要であることはだれもが認識するところでしょう。個の学びをつくる「ひとり読み」と「話し合い」を通して生まれる学び合いは、今日的な意味を持つ学習活動ともいえます。

また、指導要領で強調されている「言語活動の充実」ということでいえば、「一読総合法」では「読む」ことの授業の中に、五感、知識、体験などを突き合わせて読む活動、そこから生じる反応や感想を書く活動、他者の読みを聞き、重ね合わせて話す活動が、これにあたるでしょう。読むことの力をつけるため、これらが総合されていくところに言語活動の意味があります。「紹介」「説明」「感想」などというパターン化された言語活動例を取り入れることだけで、読む力が育つとは考えられません。

まずは、授業の中で読むことの楽しさの体験を創り出しましょう。本書はその手引きになると思います。先生方が「やってみよう！」と思える実践に出会えることを願っています。

豊かな読みを子どもたちに
小学国語　文学・説明文の授業　一年◆もくじ

発刊にあたって（三輪民子）……2

一章●一年生の文学の授業

一年生の文学の授業（前川明）……8

たぬきの糸車（伊藤信代）……13

ろくべえまってろよ（丹野洋次郎）……56

二章●一年生の説明文の授業

一年生の説明文の読みの授業（山岡寛樹）……100

しっぽしっぽ（野口静子）……105

どうぶつの赤ちゃん（高橋聖）……157

「一読総合法」用語説明

【題名読み】

どの教材も題名の読みから始める。題名のことばを吟味したり、それから想像したことを話し合う。

【立ちどまり】

全体を通読せずに、題名、文章の冒頭から部分ごとに順次読み進める。その際の読みの範囲のこと。立ちどまりの範囲は、場面・構成や指導内容、読み手の読みの力をもとに考えて決める。

【ひとり読み】

基本的な学習活動の一つで、授業の始めに位置づける。読み手が文章に向かい、自身の知識、体験、感情などを総動員して自力で読むこと。その際に読み手の内面に生じるさまざまな反応をことばとして書くことで読みを明らかにする。

【書きこみ・書き出し】

ひとり読みの際、読み手の反応をテキストの行間に書きこむのが「書きこみ」。

ノートやワークシートなどの別紙に書くことが「書き出し」。

どちらかといえば、「書き出し」の方が、読みの反応を総合化し、まとめて書くことができる。

【つぶやき】

「ひとり読み」の前段指導として、読み手の反応を書かずにそのまま口に出して、つぶやかせる（発表する）こと。

【話し合い】

ひとり読みと合わせて、学習過程の中軸に据えられる。個々の多様な読みを比較したり重ね合わせたりすることで、協同でより豊かな読みを創りだす学習活動。他者の読みから学び合うことで読みの力を高める場となる。

【表現読み】

発音、アクセントなどをきちんと音声化しつつ、読み手が読んだ内容を表現する読み。「話し合い」の中で取り入れたり、まとめの学習活動にすることが多い。

※この本の使い方

上下段にわかれていますが、上段についてのメモ書きが下段に書かれています。

授業で利用される際、ぜひご自身が気づいたことや考えを下段に付け加えてください。

一章● 一年生の文学の授業

一年生の文学の授業

前川　明

◆一年生の文学作品について

一年生の教科書には次のような文学作品が選ばれています。

・「おおきなかぶ」（内田りさこ・西郷たけひこ）
・「りすのわすれもの」（松谷みよ子）
・「くじらぐも」（中川りえこ）
・「ないた赤おに」（浜田広介）
・「けんかした山」（安藤美紀夫）
・「お手がみ」（アーノルド・ローベル）
・「夕日のしずく」（あまん　きみこ）
・「ろくべえまってろよ」（灰谷健次郎）
・「たぬきの糸車」（きし　なみ）
・「だってだってのおばあさん」（さの　ようこ）など

耳からの「昔話の世界」や、目で楽しむ「絵本の読み聞かせ」の経験はあるけれど、教科書を使った「お話の世界」を初めて学ぶ子どもたちです。「文字を↓音声化し、↓ことばとしての意味を思い浮かべながら、↓文としてまとまりのある内容を想像する」ことは、この時期の子どもたちにとってなかなかむずかしい学習です。音声化という知的な作業に習熟し、興味深く文脈に乗せて語ってくれた身近なおとなしで（もちろん、先生という指導者が教室に一人はいるのですが）、自分の力で物語世界に入るという学習は多くの子どもたちにとって初めてのことです。この「むずかしさ」を「楽しさ」で乗り越えさせる工夫が、こうした作品にはさまざまにこらされています。昔話の基本の形式「行って、帰る」ことで、まとまりのあるわかりやすい物語世界を舞台に設定することや、くり返される場面やことばのリズムを使って理解しやすくし、親しみやすい登場人物の活躍で興味を引きつけることなどです。教師は、作品の特徴を最大限に生かす授業づくりを心がけたいものです。

京都教育大学教授の故岡本夏木氏は『ことばと発達』（岩波新書）で子どものことばについて次のように述べています。

「子どもはおとなになるまでに、ことばを二度獲得する。最初は誕生から始まる幼年期（一次的ことば）、そして第二のことば（二次的ことば）の獲得は、子どもの学校生活とともに始まる」と指摘しつつ、「二次的ことば期とは二つのことばの重層性より成り立つ」と慎重に子どものことばの発達を観察しています。そして、学校生活とともに始まる「二次的ことば」を次のように特徴づけて捉えています。

遊びの場などの「具体的現実場面」ではなく、教室という「現実を離れた場面」で「ことばの文脈」に依拠しながら、「少数の親しい」者から一回りも二回りも広がった学級や学年という「不特定の一般者」に向けて、「会話式の相互交渉」でなく、「一方向的自己設計」でおこなわれるコミュニケーションとしてのことばを学び始めるのだと分析します。心の中で声に出さないで、内言を使って考えることが要求されるようになるのです。さらに「一次的ことばは『話しことば』であるが、二次的ことばは、『話しことば』だけでなく、そこに『書きことば』が加わってくる」と、学童期に入る子どもたちのことばの変化を追究しています。

学童期の子どもたちは活発であり、じっとしていることが苦手で、生意気でもあります。ここ何年か学校生活にスムーズな適応のできない子どもたちのことが「一年生プロブレム」となっています。こうした子どもたちも含めて、一年生では、岡本夏木氏の指摘することばの学び方の違いにとまどい、勉強にむずかしさを感じている子どもたちが多いのではないでしょうか。

集団の中に身を置いて、教師の話すことばを「自分に話しかけてくれているがごとくに聞き」、「クラスの友だちにも聞こえるように話す」ことができるようになるには、日常生活の中で何気なく使っていたことばを「書きことば」の学習を軸にしながら自覚させることが必要です。「書きことば」は音声化を通してイメージが喚起されます。一年生で音読が取り分けて大切な理由です。イメージは、一人ひとりの知識や経験を基に、ことばの刺激で喚起される表象です。「さあ、たぬきのどんなようすが想像できたかな。頭のテレビは映りがいいですか」などとはたらきかけるのも、子どもに想像力をはたらかせる「読み方」を意識させる狙いを持った発問です。一年生が「読み」の力を身につけていくためには、教師の言語活動への見通しが大切です。

◆一年生の読みの授業

小学校に入学し、体系だった教育プログラムの中で本格的に日本語教育を受け始める子どもたちに、教科書は「入門期」という「学び始めのていねいな教材」を用意しています。児童言語研究会の朝比奈昭元氏は次のように述べて、子どもたちの言語能力高めを提唱しています。

「最近『話し方』に関する本の出版が盛んです。その中には『異性相手の会話術』とか『目上の人相手の会話術』などのように、『話し方』について書かれたものが多くみられます。学校教育では、このような実用的・処世術的な会話術を教えるわけではありません。ことばは、単なる『通達の手段である』とする言語観にしか立つことのできない『話し方・会話術』から『ことばは思考の道具である』とする言語本質観に立った『話しことば指導』へと高めていくことが、きわめてだいじなことだと考えます。そして、日本語の文法・語彙・音声について、それぞれの要素の強化・育成へと総合していくことが重要だと思います」

このように「話しことば」を定義したうえで、文学教育の中での指針を「子どもたちが、一つの作品を共有し合い、多様な観点・視点から話し合う中で、友だちの異質な読みに出会ったり、自分にはなかった新たな読みの観点や視点を学んだり、今日共同で学んだことが、明日には一人でできるようになったりというように、認め合い、学び合い、励まし合いの中でこそ、真の『伝え合い』が成立していく」と実践的に示しています。「ひとり読み」と「話し合い」を両輪とする指導計画です。

「あまい　あまい、おおきな　おおきな　かぶに　なりました。」と一文が音声化できると、イメージが喚起されます。「あまい　あまい、おおきな　おおきな」とくり返される表現は、読み手の子どもたちの味覚と視覚にことばの信号を送り込んでイメージをつくりだします。教科書のさし絵を手がかりにしながらも、イメージは子どもの数だけ生まれているのです。どの表現に強く反応するかは一人ひとりの感性です。さとうやおいものような甘さを味覚に感じたり、一抱えに余るような大きな大きなかぶを思い浮かべたりとさまざまでしょう。その一人ひとりのイメージをことばにするのが「ひとり読み」です。「心の中に思ったことやわかったことが浮かんだら、そのことばに線を引いておきましょう。あとで発表してもらいます」と想像しながら読むこと、考えながら読むことをはたらきかけます。書きことばの習熟によっては、もう一歩進んで「書きこみ」を指導することもできます。行間に「わかったこと」や「思ったこと」をメモ程度に書きこむ方法は、拡大コピーしたページを黒板にはって具体的に教えたいものです。この時期は、想像力を豊かにはたらかせることと表現意欲を高めることが、指導の重点になります。

「話し合い」では、自分の考えや想像したことを先生とクラスの友だちに伝える楽しさを味わってもらいたいものです。教師は、発表を「励まし、ほめる」ことが第一の仕事になります。「聞き上手、ほめ上手」が子どもの意欲を高めます。子どもたちも先生にならって「聞き上手」になると、友だちの発表からたくさん学ぶことができるようになります。発表する意欲と「聞き上手」なクラスに支えられて、発表する力が伸びるのです。

一年生では、ことばをていねいに読み、イメージを思い浮かべる楽しさを体験することと、その思い浮かべたイメージを自分のことばで先生やクラスの友だちに伝えたいという表現意欲を高めることが指導の重点になります。学び合える学習集団は、一人ひとりの「読みの力」を高める中から育ってくるのです。「やってみせて、一緒にやって、やらせてみる」という一つひとつの段階をていねいにみんなで登っていく「学び」を実現したいものです。

「たぬきの糸車」

きし　なみ／作（光村図書）

伊藤信代

一　作品について

きしなみによる再話。伊豆地方に伝わる民話が元になっています。温暖な風土のためか、伊豆に伝わる民話は明るくユーモラスなものが多いようです。

一年生の教科書に出てくる中で、はじめての昔話。「むかし、ある……」で始まり、「……いきましたとさ。」で終わる昔話の語り口です。

元となっている民話の方は、もう少し状況が詳しく書かれていますが、岸なみの再話では細かいことは書かれていないので、子どもたちと想像を膨らませながら読んでいくことができる作品です。

二　教師の読み

1　状況と人物

「たぬきの糸車」という題名読みでは、たぬきと糸車の関係が語られます。「たぬきの」とは、たぬきの所有する糸車なのか、子どもたちは想像を膨らませて語るでしょう。

山奥の一軒家に住むきこりの夫婦。冬の間は村へ下り、春になるとまた山へもどってきて木を切ったり炭を焼いたりする生活をしています。山奥のたった一軒しかない夫婦の家へ、毎晩のようにやってきてはいたずらをするたぬき。しかし「いたずら」については具体的にどんないたずらなのかは書かれていません。子どもたちと考えてもよいでしょう。山奥では、ここにしかいない人間に興味があって、たぬきは毎日のようにいたずらをしに来ます。人間のそばにいたくていたずらをしては、人間に憎まれます。

ある晩、おかみさんは糸車をまわしている時に、糸をつむぐ真似をするたぬきのようすに気がつきます。山の夜の静寂の中に響く糸車の音は、好奇心旺盛なこのたぬきにはとても魅力的なものだったのでしょう。たぬきはこの糸車の音に惹かれて、ついついこんな近くまでやって来てしまったのです。たぬきがすぐ近くにいながらも、気づかないふりをして糸車を回し続けるおかみさん。たぬきを驚かさないよう、たぬきがそこにいるのを許している、おかみさんの人柄のおおらかさ、温かさが伝わってきます。

おかみさんは、毎晩やってきて糸車をまわす真似をするたぬきのようすがかわくて、だんだん愛着がわいてきます。山奥の一軒家できこりの夫とたった二人で暮らしているおかみさんにとって、毎晩自分のもとへやって来るたぬきが、日に日に身近でかわいい存在になってきているのでしょう。

そして、たぬきはきこりが仕掛けておいたわなにかかります。しかし、おか

●糸車…綿から糸をとりだして、よりあわせるのに使う車。

みさんはためらうことなく、たぬきを逃がしてやります。ここでおかみさんの、たぬきに対する気持ちがわかります。またここでおかみさんは「わななんか、かかるんじゃないよ。」と注意しながらも、「もう二度と来るんじゃないよ」とは言っていません。

やがて冬になり、また春が来て山に戻ってきたおかみさんは、板の間に糸の束が山のように積んであったのを見て驚きます。その上、糸車には巻きかけた糸までかかっているのです。おかみさんは不思議に思いながら、家の中を調べる間もなくご飯を炊き始めます。すると「キーカラカラ　キーカラカラ、キークルクル　キークルクル」と糸車の回る音が聞こえてきたのです。びっくりしたおかみさんがふりむくと、板戸の陰から茶色いしっぽがちらりと見えました。そっとのぞいてみると、あのたぬきが糸を紡ぎ、束ねて積み重ねるのが見えるのです。このようすから、たぬきがおかみさんたちが村へ下りている冬の間、空き家に通い、毎日ひとりで糸車を紡いでいたことがわかります。また、たぬきが糸をつむいでいるのをおかみさんがのぞくところと、前とは逆の立場になっているのもおもしろいでしょう。

たぬきが帰っていくときに、「うれしくてたまらないというように」とあるのは、他の民話にあるような命を助けてくれたことへの「恩返し」のようなものだけでなく、この物語ではたぬきの無邪気さや、一人で糸車を使い、糸を紡げるようになったことがうれしくて、楽しくて、満足または自慢するような気

●擬音語は音声化することで、糸車の回る速さや質感を感じることができる。ここでは「キークルクル」と擬態表現を付け加えて、視覚的なイメージも強めている。

持ち感じられます。糸車を通した、おかみさんとたぬきのほのぼのとした心の交流が描かれています。

こうして題名が「たぬきの糸車」としてあるのは、たぬきが糸車をまわして糸を紡げるようになり、「おかみさんの糸車」が「たぬきの糸車」になったということです。糸車を通しておかみさんとたぬきの心は結ばれたのです。

2　構成と表現の特徴

（山奥で暮らす夫婦とたぬき）

始まりは昔話の形式で「むかし」と時間が示され、「山おくに」と場所が示されます。この簡潔な出だしは、子どもたちを無理なく想像の世界に導き入れます。そしてすぐにきこりの夫婦が山奥の一軒家に住んでいることが紹介されています。「山おくの一けんやなので」とあり、深い山奥であるから、人が住む村からはかなり距離があるのでしょう。たぬきは毎晩ここにいたずらに来ます。そしてきこりはわなを仕掛けるのです。

まっくらな山奥、静寂の中でぽつんとここだけ灯りがともっています。ようすを思い浮かべるのに、さし絵をつかって想像したことを話し合わせます。

（おかみさんの糸車とたぬき）

「月のきれいな晩」のさし絵は満月が描かれています。明かりのない山の中で、満月の光に照らされた光景は美しいでしょう。この月あかりは後で出てくるた

☆昔話で知っているお話があるか、お話の始まり方、終わり方を子どもたちにきいてみる。

ぬきの影を障子にうつすことになります。

そんな夜、一軒家から「キーカラカラ　キーカラカラ、キークルクル　キークルクル」と回る糸車の音は、静寂の中、リズミカルに軽やかに聞こえたことでしょう。この音の響きを楽しみたい。そしてこのリズミカルな音に誘われて、好奇心旺盛なたぬきは、いつのまにか障子を隔てて、糸車のすぐそばにまで来てしまうのです。

その破れ障子の穴から、くりくりとした目玉が二つ、くるりくるりと糸車の動きに合わせて一緒にまわります。作者は糸車の音と、たぬきの目玉の動きをユーモラスに描いています。そしてたぬきは糸車を回すまねまで始めます。たぬきのかわいらしさが伝わってきます。この姿を見て、おかみさんは吹き出しそうになりながらも、驚かさないよう気づかないふりをしてそのままにしています。それから毎晩毎晩たぬきはやってきます。障子を隔てて、おかみさんとたぬきの心は近づいていっているのです。「いたずらもんだが、かわいいな」。このおかみさんの心の中でつぶやかれたことばからもわかります。

（わなにかかったたぬき）

ある晩のこと、「キャー」という叫び声がします。まっくらな山奥で叫び声を聞くのは不気味でしょう。それでおかみさんは「こわごわ」叫び声のした方に行ってみます。すると、いたのは「いつもの」たぬきです。

おかみさんはすぐにわなをはずしてたぬきを逃がしてやります。ここで「も

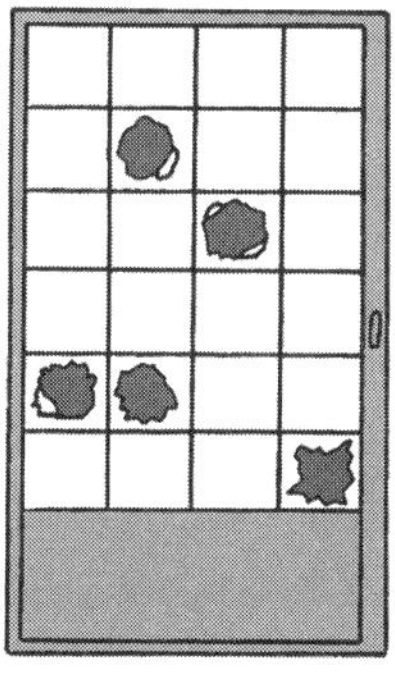

●破れ障子…山奥の一軒家で外との仕切りとして使われたあかり障子が破れたままになっているようす。

う来るんじゃないよ」というのではなく、「わななんかに、かかるんじゃないよ」といっています。ここでは「これからも来るときはわなになんか、かからずに気をつけておいで」といっているように思えます。

（季節の移ろいと、きこり夫婦の暮らし）

「やがて、山の木のはがおちて……」で季節が移り、冬がやってきたことがわかります。「ゆきがふりはじめると、きこりのふうふは、村へ下りていきました」。ここで、きこりの生活について子どもたちと考えます。山は雪深い。雪深い冬の間だけ村で生活をし、春になるとまた山奥の小屋に戻ってきて仕事をする、きこりの生活を一緒に考え、話し合います。

教科書では、この季節の移ろいのところで、行間はあけていませんが、長い時間が流れていることを確認します。この、冬から春の間のことが、後に続く「たぬきの糸車」に大きくかかわってくるからです。

（たぬきの糸車）

春になり、小屋に戻ってきたおかみさんが戸を開けたとき、山のように積まれた糸の束に驚きます。おまけに、ひと冬使わないでおいた糸車は埃だらけのはずなのに、まきかけた糸までかかっているのです。まるで糸を紡いでいる途中のようなようすに、おかみさんは驚きます。しかしおかみさんは、たぬきの仕業だとは夢にも思いません。

不思議に思いながらも食事の準備に取り掛かろうと、ごはんを炊き始めたそ

●わな…なわやひもなどを輪にして、小動物をとらえる装置。

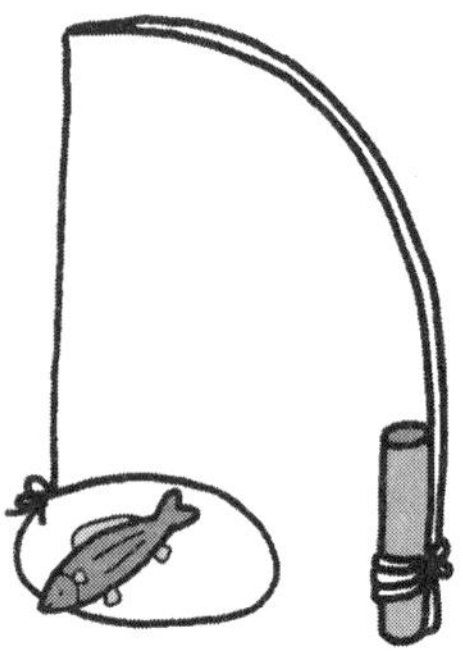

☆きこりの生活は、季節の移りかわりと深く結びついている。秋になると山を下り、冬の間里にいて、雪の消える春になると、再び山に入る。季節と関係づけて時間の経過を考えさせたい。

の時、「キーカラカラ……」と糸車の回る音がします。おかみさんがびっくりして振り向くと、茶色いしっぽがちらりと見えます。「ちらり」の表現がたぬきの存在を一瞬垣間見せています。

おかみさんがそっとのぞくと、いつかのあのたぬきが上手な手つきで糸を紡ぎ、しかもおかみさんがしていた通りに束ねて脇に積み重ねているのです。このたぬきのようすから、冬の間、だれもいない小屋で何が起きていたのでしょうか。しかも束ねた糸は山のように積まれてあったのです。きっとたぬきは冬の間に、毎日のようにこの小屋に通って糸車を回していたのでしょう。この冬の間、おかみさんの糸車が、たぬきの糸車になったのです。

おかみさんとそっくり同じように糸を紡ぎ、束ねてはわきに積み重ねるたぬきのようすを見ます。おかみさんの目になって、おかみさんの気持ちを豊かに想像させます。

（うれしそうに帰るたぬき）

おかみさんがのぞいているのに気がついたたぬきは、外に飛び下ります。「ぴょこんとそとにとびおりました」、「ぴょんぴょこおどりながらかえっていきました」。この表現、音の感じから、たぬきがおかみさんに気づいてもらった喜びと、おかみさんに対する信頼感をもっていることが伝わります。

そして、おかみさんがするのと同じように糸を紡ぎ終えたたぬきの満足感が伝わってくるのです。「うれしくてたまらないというように、ぴょんぴょこ踊

りながら帰っていく」たぬきの気持ちも豊かに想像してみたいものです。＊

三　教材化にあたって

1　児童の実態

学級児童数二十人。人数が少ないので授業の中で一人ひとりの活躍の場面を作ることができます。日直で前に出たり、授業の発表で前に出たりと何かと一人ひとりの出番が多いのです。初めのころは発言ができなかった子も、一日に一度は発言できるようになりました。

何事にも意欲をもって取り組む、とても活動的でにぎやかなクラスです。しかし、クラスの中には自分の考えを持てずにいる子、間違いを恐れ発言をしない子の姿も見られました。そこで、クラスの中でどんな意見を言っても良いという雰囲気をつくることがだいじだと考えました。そして、友だちの発言をたくさん聞く中で、意見を持てなかった子も徐々に自分の考えを作っていくことができるようにしていきたいと考えました。

2　一読総合法の授業に向けて

○つぶやきをたくさん出させる

一学期は絵本の読み聞かせ（＊）をたくさんしました。そこでは、だまってお話を聞くのではなく、お話を聞いていて思いついたこと、気づいたこと、不

＊未來社（一九七五年）「日本の民話七・遠江・駿河・伊豆編」の「たぬきの糸車」では、次のような締めくくりになっている。

「やがてたぬきは、あたりのようすを見廻し、おかみさんがのぞいてるのを見つけました。すると、いきなりぴょんと庭にとび下りて、さもうれしくてたまらないように、わっしょい、こらしょいと、荷物をかつぐふりをして、とびはねてあるきました。たぬきはおかみさんのために、一年中の糸を、みんなつむいでおいてくれたのでありました」

＊読み聞かせをした本の例
『ねえ、どれがいい？』（ジョン・バーニンガム／作）
『どうする、どうするあなの中』（きむらゆういち／作）

思議に思ったことなど、どんどん「つぶやき」を出させました。☆

また、教科書に出てくるはじめての話「はなのみち」では、文章には書かれていない動物の気持ちや台詞を考えてみたり、時間が流れているはずの「間」や、その「間」に起きているだろうことを想像したりしました。

そして二学期、文字を書けるようになってきたところで「ろくべえまってろよ」を一読総合法で授業をおこないました。書きこみの手法をとり、自分の思いついたことを書きこんでいくことがわかりましたが、まだ何を書きこんだらよいのかわからずにいる児童もいました。

しかし、書きこみをもとにして授業で発言できるようになった子は以前よりも増えて、一時間のうちに全員一度は発言しようという目標をつくり、達成することができました。

「たぬきの糸車」では、書きこみがなかなかできない児童に対して、具体的な書きこみの視点を持たせて、文章をもとにして考え、一人ひとりが自分のことばで考えたことが書けることを目指しました。

3 教材化の視点

①さまざまな視点から人物の思いや行動に迫らせる

たぬきにとって、きこりの夫婦はそばにいる唯一の人間で、好奇心旺盛なたぬきは毎晩のようにこの一軒家やってきてはいたずらをします。どんないたず

『ちいさなねこ』（石井桃子／作）
『うえきばちです』（川端誠／作）
『よかったね、ネッドくん』（レミー・チャーリップ／作）
など、思わず話したくなる楽しい本

☆児童の実態と一読総合法の授業にむけて、一年間通しての取り組みを考える。「つぶやき」は、書きこみにつなぐはじめの一歩。

らかは書かれていないのでよくわかりませんが、きこりがわなを仕掛けるくらいだからかなりのいたずらぶりなのでしょう。冒頭部分は、たぬきの立場からと、きこりの立場から、想像力をはたらかせて読ませたいところです。

②おかみさんの目を通したかわいらしさ、あどけなさ

毎晩毎晩やってきては、自分の糸紡ぎのまねをするたぬきがおかみさんにとってどんな存在になってきたのか、子どもたちに話し合わせたい。

「糸車がまわるにつれて、たぬきの二つの目玉もくるりくるりとまわる」、「月のあかるいしょうじに糸車をまわすまねをするたぬきのかげがうつる」というようすは、破れ障子の画像を活用したり、本物の糸車を用意してイメージをふくらませるのもよいでしょう。また、たぬきの目玉がくるりくるりと回るようすは、半紙に穴をあけ、糸車の動きと共に目玉を動かすような活動を取り入れたいです。

③おかみさんとたぬきの心の交流を軸に

物語の最後に、たくさんの糸のたばが山のように積んであったのを、「逃がしてもらったたぬきが、おかみさんに恩返しをした」という意見が子どもたちから出てくるかもしれません。昔話では、恩返しの話がよくあります。こう読み取ることも間違いではありませんが、それだけではないたぬきとおかみさん

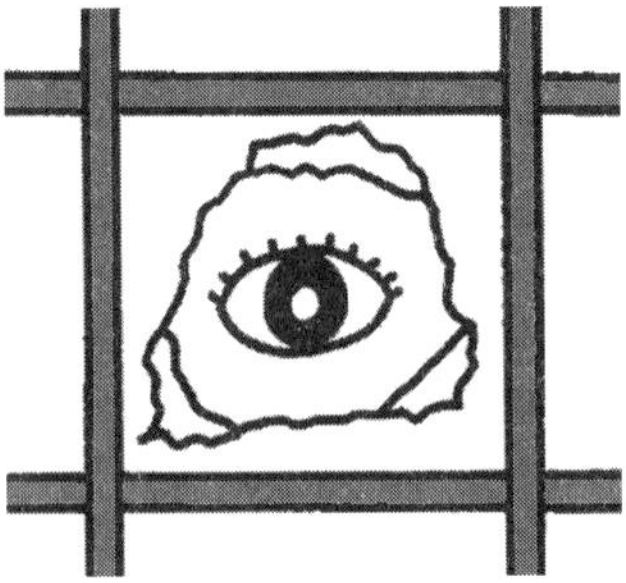

のほのぼのした心の交流を読み取らせたい。また「ぴょこんと」「ぴょんぴょこ」からはたぬきの嬉しい思いが躍動的に伝わってきます。たぬきは、冬の間中、だれもいない一軒家に来ては、一人糸を紡いでいたのでしょう。そしておかみさんがしていた通りに糸を紡ぎ、束ねられるようになったのです。それをおかみさんに気づいてもらった喜びが、この行動描写に表れているように思います。

糸つむぎを上手にできるようになった喜びを表しているたぬきの気持ちを、考えるのに吹きだし（☆）を使うのも、低学年には効果的です。また、それを見たおかみさんの気持ちも想像して吹きだしに書かせたいところです。

④表現読みを楽しむ

ようやく全員が音読できるようになってきた一年生。書くこと、読み取ることがまだもう少しの子がいる中、どの子も参加できる場面をつくりたいと思いました。そこで表現読みをしたり、さし絵をつかって考えたり、時には動作化も入れて、めりはりをつけながら、一年生でも飽きることなく楽しんで学習に取り組める授業を計画したいと思います。

四　全体の指導計画

1　指導目標

◎　糸車を仲立ちにした、おかみさんとたぬきのユーモラスで温かい心の交流

☆吹きだし
たぬきになったつもりで

ぼくのつむいだ糸のたばを見て、おかみさんはびっくりしていたぞ。
たのしかったなあ。

表現読みをするための取り組み

《詩の音読》
○毎朝の詩の音読
○グループで詩集の中から好きなものを選び、体を動かしたり、表情、声を変えたりしながら、詩を音読して発表

を読み取ることができる。

・擬態語から伝わる人物の人柄や気持ち、場面のようす、情景を考えることができる。

・おかみさんとたぬきの動きや気持ちを豊かに想像しながら音読、表現読みができる。

2 指導計画（立ちどまり☆と指導目標）

時	立ちどまり	指導目標
1	題名読み むかし ～～ わなをしかけました	・題名について話し合おう。 ・昔話の語り口を知る。 ・山奥の一軒家の暮らしを考える。 ・きこりと、たぬきの気持ちを考える。
2	ある月のきれいなばんのこと～～たぬきのかげが うつりました。	・情景描写の美しさ、擬音語の楽しい感じを味わう。 ・おかみさんの回す糸車のようすとたぬきの目玉の動きのおもしろさを読み取れる。
3	おかみさんは、おもわず～～「いたずらもんだが、かわいいな」	・たぬきに気付きながらも黙って糸を紡ぐおかみさんと毎晩やってくるたぬきのユーモラスな動きが読み取れる。

☆立ちどまりは、次の二つの条件を考えて決める。

①ひとまとまりの場面になっていること

②子どもたちの読みの力を高めるねらいに照らして無理のない範囲であること

＊立ちどまりの範囲は、授業時数の関係や、進め方の違いもあり、いくとおりか考えられる。

4	5	6
あるばん、こやのうらで、～～たぬきをにがしてやりました。	やがて、山のきのはがおちて、～～土間でごはんをたきはじめました。	すると、キーカラカラ～～いつもおかあさんがしていたとおりにたばねてわきにつみかさねました。《本時》
・きこりがしかけたわなにかかって、たぬきを助けてやるおかみさんのようすや気持ちが読みとれる。	・冬がきて、きこりの夫婦が山をおりることになったわけが読みとれる。 ・春になって小屋にもどってきたおかみさんが「あっ」と驚くそのようすや思いが読みとれる。 ・板の間につまれていた糸の束と、糸がまきかけてある糸車を見て驚くおかみさんのようすと思いが読みとれる。	・おかみさんがした通りに糸を紡ぎ、束ね、積み重ねているたぬきのようすが読みとれる。 ・たぬきの仕草を板の間からじっと見るおかみさんの思いが読みとれる。

7	たぬきは　ふいに、おかみさんが〜〜 かえっていきましたとさ。	・おかみさんがのぞいているのに気づき、ぴょんぴょこおどりながら帰っていくたぬきのようすや気持ちが読みとれる。
8	題名 全文 感想	・題名について意見、感想が述べられる。 ・イメージや情感を豊かに喚起しながら音読、表現読みができる。 ・感想文が書ける。

五　授業の実際

・立ちどまりごとの展開

＊板書方法……全時間、全文板書とキーワードでまとめる。

◆第一時

①教師の読み

題名読みでは、たぬきと糸車の関係を、想像を膨らませて語るでしょう。「むかしある山おくに」で始まるこの語り口は昔話の特徴です。どこの地方なのかも特定されていません。詳しいことが書かれていないことで、想像をふくらませることができるのが昔話の特徴でもあります。

●たぬき…物語の登場人物（擬人化）としてよく描かれる。人里近くに住み、丸い体型で親しみやすく描かれることが多い。

「山おくの一けんやなので、まいばんのようにたぬきがやってきて」と描かれます。山奥、そこにポツンと家が建っているというような状況でしょう。人間はその家にしかいません。毎晩やってくるたぬきは同じたぬきです。山の中にはたくさんの動物がいるでしょうに、きっとそのたぬきは好奇心旺盛で、めずらしい人間に興味津々なのでしょう。そして人間のそばに来てはいたずらをします。どんないたずらなのかは書いていません。どんないたずらなのでしょうか。外に干してある野菜に手を出したり、家に忍び込んだりしていたのでしょうか。人間や人間の生活に興味があってのいたずらでしょう。しかしそのいたずらは、きこりにとっては迷惑なものであったのでわなをしかけたのではないかと考えることができます。

②豆知識

○注目させたい表現

「むかし、ある山おくに」

昔の、ある時の、ある場所の話。昔話のはじまりかた。他でも聞いたことがあるか話し合わせてみてもいいでしょう。

「山おくのいっけんやなので、まいばんのようにたぬきがやってきていたずらをしました。」

山の中ではめずらしい人間とその生活。毎晩のようにやって来るとあるので、同じたぬきがこの一軒家にきては何かしらしていることがわかります。めずら

●予想される難語句

《糸車》糸くり車、糸より車ともいい、車の回転をつかって、綿花や繭から糸を紡ぎだしたり、糸をより合わせたりする道具。

《きこり》森林の樹木を斧で切り倒し、それを売って生活をしている。昔話でよく出てくる。

《一けんや》近くに家がなく一軒だけ建っている家。

《わな》縄や竹などをつかって、鳥やけものを生きたままつかまえる仕掛け。

しい人間を怖がるのではなく、興味津々に近づいてくるこのたぬきは子どものたぬきなのでしょうか。しかしそれが、きこりにとっては迷惑なことで、いたずらと捉えられているのかもしれません。たぬきは悪気があってやっていることではなく、興味があるものに手を出しているだけかもしれません。

③指導目標

○題名からどんな話なのか考えを出し合う。

○山奥にいるめずらしい人間を怖がるのではなく、興味をもって近づいてくるたぬきのことを読む。

○山おくの一けんやという住まい、まわりの状況を想像する。

④展開

T 「たぬきの糸車」題名からどんなお話だと思いますか。糸車を知っている人いますか?

＊糸車の実物を見せる。☆

T 1の場面を全員立って二回音読しましょう。終わった人は座って目で読みましょう。

T 書きこみをしましょう。★

＊指名読み二人

T お話のはじまりで気づいたことはありましたか? 他にもこういうはじまり方をするお話を聞いたことがありますか?

●たぬきの人物像
―まいばんのように
―いたずらをしました。
表現をおさえて自由に想像し、発表しあうことで、たぬきが子どもたちの身近になる。

☆糸車が実際にカラカラ回るようすを見せたいと思って購入。(古いものだったので回すとカタカタと良い音がした)物語の内容からそれてしまう恐れがあるので、細かい使い方や、蚕の事の説明はあえてしなかった。

★はじめはまだ情報量が少ない

T　こういうお話を昔話といいますね。

T　わからないこと、どうしてだろうということはありましたか？

＊山おくのいっけんやの状況をさし絵を使って想像、話し合う。

＊毎晩やってくるたぬきの立場で考える。

＊わなをしかけたきこりの立場で考える。

T　今日、みんなで話し合いをして気づいたことや感想を書きましょう。

発表／音読

⑤板書（第一時）

たぬき㋨糸車

むかし、ある　山おくに　きこりの　ふうふが　すんでいました。

人間はここにしかいない

山おくの　一けんやなので、（まいばん）のように

かまってほしい？　あそびたい？

たぬきが　やってきて、　いたずらを　しました。

それで、きこりは　わなを　しかけました。

たぬきにはあそび ↔ 人げんにはめいわく

ため、書きこみが少なくてもしかたがない。また、先を読んでいないための勘違いも出てくることがあるが、先を読み進めるうちに、わかってくる。

●題名読み

子どもたちの考えたことを自由にいわせる。㋨に気づかせたい。

↑は、模造紙。ここに子どもたちの発言を書きこんでいく。模造紙に書くことで、後でふり返って見返すことができる。学習の足あとが残せる。

◆第二時

①教師の読み

月のきれいな晩とあるので月明かりが山奥を照らしている情景が目に浮かびます。静寂の中、おかみさんのまわす糸車の音が、リズミカルに山奥に響いたでしょう。きっと好奇心旺盛なたぬきは、このリズミカルな音に惹かれて興味津々でやってきたのです。おかみさんのすぐそばまで来てしまっているのに、糸車がまわるようすに夢中になって見ています。糸車がまわるにつれて、たぬきの目玉もくるりくるりとまわってしまっているのです。そして糸車をまわすまねまでしています。ここがとてもおもしろく、たぬきがユーモラスでかわいいということが表れています。さらに、二つのくりくりした目玉、くるりくるりとなどの擬態語でたぬきのかわいらしさ、ユーモラスさが増してきます。

②豆知識

○注目させたい表現

「キーカラカラ　キーカラカラ　キークルクル　キークルクル」

音が変わっている。カラカラは耳で聞こえた音。クルクルは目で見た糸車がまわるようす。

「くりくりした目玉」「まわるにつれ……くるりくるりと　まわりました」

たぬきが糸車に釘付けになって見ているようす。たぬきの純粋さ、かわいらしさ。

●部分表現読み

・糸車のまわる速さやようす

・おかみさんの気持ちを考えながら、適切な部分を決めて表現読みし、発表しあう。

「月のあかるいしょうじに」

月明かりに照らされて、たぬきの影が映し出され、おかみさんにはすべて見えてしまっている。☆

③指導目標

○情景描写の美しさ、擬音語の楽しい感じが読みとれる。

○糸車のまわるようすとたぬきの目玉の動きの楽しさが読みとれる。

④展開

○前時の音読（時間がないときはカットする。）

○前時の想起

・糸車という道具の確かめ（ここで糸を紡ぐということばの意味も確認）

・毎晩いたずらにやってくるたぬきときこりの立場を思い出す。

○立ちどまり【2】を一人ひとりのペースで音読

T わからないことばはありましたか。……難語句の説明

○書きこみ

T 部屋の中のようすを思い浮かべながら書きこみをましょう。

○指名音読（二名）

T 部屋の中のようすが見えてきましたか？ 書きこんだことを発表してください。

○全体での話し合い

☆子どもたちは、ここまでしか読んでいないので、これはたぬきをつかまえるためのわななのかもしれないと考えた子もいた。その誤解も次の立ちどまりを読んで、わなでないことを子どもたちは理解した。

通し読みをしていないことからうまれる誤解もあるが、じっくりその立ちどまりを読み、その先を読むのが楽しみでわくわくするのが一読総合法である。

・キーカラカラ　キーカラカラ　キークルクル　キークルクル　の音読のしかた（リズム、速さ）について話し合う。
・ふと　気がつくとの「ふと」について、例を出し合い、意味を確かめる。
・「やぶれしょうじのあなから、二つのくりくりとした目玉がのぞいて、糸車がまわるにつれて、二つの目玉もくるりくるりとまわりました。」を破った半紙を使って、糸車をまわす役、たぬきの役になってやってみる。
・「月のあかるいしょうじに……かげがうつりました。」のイメージをひろげる。

T　しょうじからのぞいているたぬきの気持ちを吹きだしに書きましょう。

T　今日みんなで話し合ったことを思い出して音読しましょう。

④板書（第二時）

ある月のきれいなばんのこと
（全文板書）模造紙
たぬきのかげがうつりました

※児童の発言

※なにをやっているのかな。
おもしろそうだな。
やってみたいな。

☆動作化する
二人ひと組に半紙を配り、やぶれ障子に見立て、そこからのぞく目玉のようすを楽しんだり、くるりくるりと糸車を回すおかみさんの役、それを見て目玉を回すたぬき役をやった。

＊一年生なので時々動作化を入れて飽きさせないような工夫をして、授業のメリハリをつくりたい。

●板書は、第一時と同じく、子どもの発言を模造紙に書きこんでいく。以下、毎時間同じ。
・たぬきの心の吹きだしを各自のプリントに書かせる。そして発表したことを書いていく。
・さし絵はカラーコピーをしてはる。
※子どもの発言を模造紙に書きこんでいく。以下毎時間同じ。

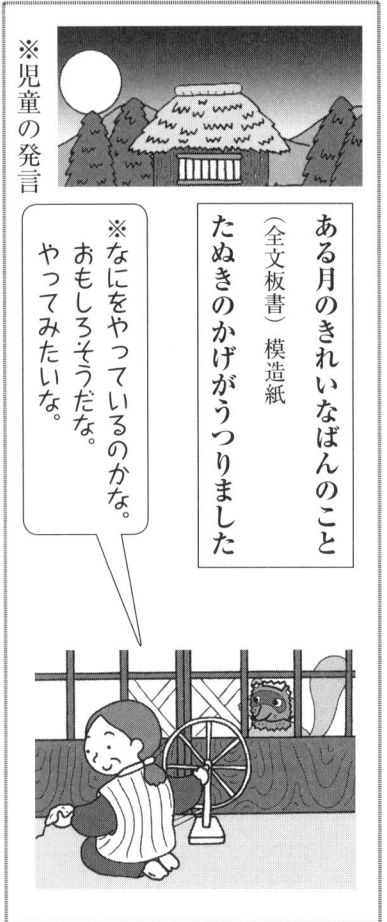

◆第三時

①教師の読み

おかみさんは、糸車をまわすまねをするたぬきの姿を見て、おもわず吹き出しそうになりながらも、だまって糸車をまわし続けます。おかみさんはたぬきのかわいらしい姿をみて、たぬきを驚かさないよう、そのままにさせています。たぬきがそこにいるのを許しているのです。

その夜から毎晩毎晩たぬきは、おかみさんの元にやってきては、糸車をまわすまねをくりかえすのです。おかみさんとたぬきは障子を隔て、お互い気づいているようすは見せませんが、毎晩一緒の時を過ごすのです。そしておかみさんのことば「いたずらもんだが、かわいいな」が出てくるのです。これはおかみさんの心の中のつぶやきなのでしょう。

②豆知識

○注目させたい表現

「だまって糸車をまわしていました」

おかみさんが、たぬきをそのままにしておく。

「それからというもの、たぬきはまいばんまいばんやってきて……」

たぬきが糸車に夢中になっているようすがわかる。

③指導目標

○たぬきに気づきながらもだまって糸を紡ぐおかみさんと、毎晩やってくるた

☆心の中で言っていることは「つぶやき」として押さえる。

ぬきのユーモラスな動きが読みとれる。

④**展開**

○前時の想起

・おかみさんが糸車をまわすようすをのぞくたぬき。

・たぬきのかわいらしいようす。

○立ちどまり【3】を一人ひとりのペースで音読。

○難語句の確認

○書きこみ

T たぬきとおかみさんの気持ちになって書きこみをしましょう。

○指名音読二名

T 書きこみを発表してください。

○全体での話し合い

話し合い……子どもの書きこみを元にして話し合いの柱立てをする。

T たぬきとおかみさんのつぶやきを吹きだしに書きましょう。

まとめの音読をしましょう。

⑤**板書**

たぬき

二つのくるくりした目玉

二つの目玉もくるりくるりとまわりました

☆書きこみをするときの視点を持たせると、なかなか書けない子にとって書きやすくなる。なかなか書きこみができない子にはそばついて、一緒に文章を読みながら、その子のつぶやきを拾って、書きこみさせる。

☆子どもの書きこみを机間巡視しながら、なかなか発言しない子の発言を促す。

☆つぶやきは「心の吹きだし」として、ワークシートに書かせる。

●たぬきのかわいらしい姿の表現を短冊にしておく。

おかみさんはおもわず

「いたずらもんだが、かわいいな」
（全文板書　模造紙）

また見に来ている。
それにしてもかわいい。
いたずらしないでしずかにしているなんて
いい子だぬき。うふふふふ……。
ずっといてもいいよ。

どんどんかわいくなってくる。

◆第四時

①教師の読み

あるばん……とあるので、夜のことです。叫び声がした方に、おかみさんはこわごわと行ってみるのです。真っ暗な山の中の夜のことだから、こわごわとなります。ここは少し緊張感漂うところです。しかし行ってみると、いつものたぬきがわなにかかっているではありませんか。「いつもの」とあるのは、毎晩やって来るあのたぬきなのです。おかみさんにとっては、とてもかわいい存

●同じさし絵を使い、今度はおかみさんの心の吹きだしを各自のプリントに書かせる。そして、発表したことを書いていく。

在になっているたぬきです。そのたぬきがきこりが仕掛けたわなにかかっているのを見て、なんのためらいもなく、「かわいそうに……」と逃がしてやっています。ここでは「わななんかにかかるんじゃないよ」と言っていて、「もう二度と来るんじゃないよ」とは言っていません。きっと「これから来るときはわなには気をつけろよ」ということなのでしょう。おかみさんはたぬきが毎晩来るのを許しているし、楽しみに待っているのかもしれません。

②指導目標

○きこりがしかけたわなにかかったたぬきを助けてやるおかみさんのようすや気持ちが読みとれる。

③展開

○前時の想起

・毎晩やってきて糸車をまわすまねをするたぬき。

・そのたぬきをかわいいと思ってそのままにしているおかみさん。

○立ちどまり【4】を一人ひとりのペースで音読。

○難語句の確認

○書きこみ

T　おかみさんの気持ちになって書きこみをしましょう。

○指名音読二名

T　書きこみを発表してください。

●第四時の板書

おかみさん

・おもわずふきだしそうに

・まいばんまいばん

・……かわいいな

わな　～きこりのしかけ

たぬきじる　～たぬきのにく

〈はなしあい〉

○わなになんかかかるんじゃないよ

・きをつけて

・だいじょうぶかい

→ ○にがしてやりました

○全体での話し合い
話し合い
T 今日話し合ったことの感想をかきましょう。……数人発表
T「まとめの音読をしましょう。」

◆第五時

①教師の読み

「やがて」のことばから時間が経っていることがわかります。冬になり、きこりの夫婦は春が来るまで村へ下ります。雪深い山で冬を越すことは困難なのでしょう。夫婦が村へ下りてる冬の間、この小屋はだれもいない空の小屋になります。ここは次の立ちどまりに関わるだいじなところです。

やがて春が来て、山へもどってきたおかみさんが小屋の戸を開けたとき、板の間に山のように積まれた糸の束を見て驚くのです。冬の間使っていない糸車は埃をかぶっているはずなのに、まきかけた糸がかかっており、糸を紡いでいる途中のようすなのです。不思議に思いながらも急いでいたのでしょう、そのままご飯を炊き始めます。おかみさんはまさか、あのたぬきの仕業とは夢にも思っていないのです。

②豆知識

○注目させたい表現

☆話し合いについて、教師の押さえたいところが出てこない時は、こちらから提示し、気づかせ、話し合いにさそう。

●村で一時的な生活を送り、また山に戻ってくるという、季節によって住む場所が変わるきこりの生活を子どもたちと考える。

「……白い糸のたばが、山のようにつんであったのです」

山のように積んであったということは、それだけたくさんの時間、糸を紡いでいたことになります。たぬきは、毎日のように小屋に通っていたのでしょう。

「そのうえ、ほこりだらけのはずの……まきかけた糸までかかっています。」

だれかがやりかけの糸車のようす。

③指導目標

○冬が来て、きこりの夫婦が山を下りて、春になるとまた山にもどってくる生活を考えることができる。
○小屋に戻って来たおかみさんが「あっ」と驚くようすが読み取れる。
○板の間に積まれていた糸の束と、糸がまきかけてある糸車を見て、不思議に思うおかみさんの思いが読み取れる。

④展開

○前時の想起
・わなにかかったたぬきを逃がしてあげたおかみさん。
○立ちどまり【5】を一人ひとりのペースで音読。
○難語句の確認
○書きこみ
T 小屋に戻って来たおかみさんが見たもの、おかみさんの思ったことを考えて書きこみをしましょう。

●第五時の板書

やがて
・山は雪
・こやはからっぽ
ま
・しごとができない
・村での生かつ
はるになって……

……もどってきました。

おかみさん
・あっとおどろきました
白い糸のたば
山のように
まきかけた糸まで
・どうしたこっちゃ

○指名音読二名
T　書きこみを発表してください。
○全体での話し合い……注目させたい表現を押さえる。
話し合いとまとめ
T　おかみさんの気持ちを考えて吹きだしに書きましょう。
T　まとめの音読をしましょう。

◆第六時
①教師の読み
おかみさんがご飯を炊き始めると、キーカラカラ……と糸車の音が聞こえてきます。いつの間に、たぬきが小屋に入ってきたのでしょうか。たぬきは、おかみさんがいたことを知っていて糸車をまわし始めたのでしょうか。こんなに上手にできるようになったことを見てもらいたかったのかもしれません。

おかみさんがびっくりしてそっとのぞくと、いつかのたぬきが糸を紡いでいます。わなのところでは「いつものたぬき」が、ここでは「いつかのたぬき」になっています。これは冬を挟んでいるからです。しかもおかみさんがいつもしていた手順の通りにしているのです。ここで、【第二時】のたぬきが糸車を夢中で見ていたことを思い出す発言が出るといいのですが。たぬきは糸車の動きだけでなく、おかみさんの動作までよく見ていたのです。おかみさんと、そっ

☆小屋に戻って来て、驚いたおかみさんのつぶやきや、不思議に思いながらご飯の支度をしている時につぶやいたことなど、ワークシートの吹きだしに書く。

くり同じことができるようになっているたぬき。【第五時】の冬に戻って考え、文章には書かれていませんが、たぬきがだれもいないこの小屋に通い、毎日のように糸車をまわし、すっかり上手に糸を紡げるようになったのです。

②豆知識

○注目させたい表現

「ちゃいろのしっぽがちらり」

たぬきの存在を匂わせる表現です。「ちらり」は少し見えてまた隠れるようなことばです。言いかえをしてことばの使い方を確認してもいいでしょう。

「じょうずな手つきで」

たぬきが冬の間、だれもいないこの小屋で何度も糸を紡いで上手になったことがわかります。

「おかみさんがしていたとおりに」

たぬきがおかみさんのやる手順を、すべてよく見ていたということです。

③指導目標

○おかみさんがした通りに糸を紡ぎ、束ね、積み重ねているたぬきのようすから、冬の間のたぬきの行動を考えることができる。

○たぬきの仕業を板戸の影からじっと見るおかみさんの思いが読み取れる。

④展開・授業の記録　**（「六　授業記録」で掲載）**

（前時の授業について）

●第六時の板書

おかみさん

・ごはんをたきはじめました

キーカラカラ　キーカラカラ
キークルクル　キークルクル

・……きこえてきました
・びっくりしてふりむくと

たぬき

・ちゃいろのしっぽ
・じょうずなてつき
冬のあいだやっていた
おかみさんのまね
・おかみさんがしていたとおり　あのたぬき

「やがて、山の木のはがおちて、ふゆがやってきました」の「やがて」は時間が過ぎ変わること、だから今までは秋だったのだと読めます。きこりの夫婦が村へ下りるというのは「山は寒いから」「食べ物はどうするのかな？」「村は冬じゃないのかな？」など子どもたちのはじめの書きこみはそのようなものでした。しかし、話し合っていくうちに、「雪で木もしめっていて、木を切れない」「だから村に下りて、ちがう仕事をしているんじゃない？」「紡いだ糸を売っているのかも」「村ではきっと家を借りて住んでいるんだよ」と話がつながり、きこりの生活がわかってきました。

読者としての子どもたちは、山のように積んであった白い糸が、たぬきの仕業ということはすぐにわかったようです。また山奥の小屋は空っぽです。「その間に毎晩毎晩やってきて、試してみたくてしかたなかった糸車をまわしたんじゃない？」と【第二時】のたぬきの吹きだしにもどって考える子が出てきました。ここが【第六時】につながってくるのです。「だから『たぬきの糸車』なんじゃない」と題名についての発言につながりました。

「ほこりだらけのはずの糸車には、まきかけた糸まで……」は「やりかけ」なのだということにも気づく発言が出ました。

また、おかみさんがごはんをたく、というところで「米はどうしたんだろう」「春だから外でとってきたのかな」など、そんなところにこだわる子がいたのも、一年生の子どもならではと思いました。

☆題名に関係づける発言は鋭い。この作品の主題が意識できはじめてる。ほめて、発言を広げた。

◆第七時

①教師の読み

最後の立ちどまりだけ、「たぬきは……」とたぬきの目線で書かれています。糸車をまわしていたたぬきは、ふとおかみさんがのぞいているのに気づきます。

【第二時】の時とは、立場が逆になっています。

たぬきはぴょこんと外に飛び下りて、嬉しくてたまらないというように、ぴょんぴょこ踊りながら帰っていくのです。この「ぴょこんと」「ぴょんぴょこ」の擬態語が、たぬきの嬉しい気持ちを表しています。おかみさんに気づいてもらったのが嬉しかったのです。はじめはじっと見ているだけだった糸車を、今ではおかみさんと同じように糸紡ぎができるようになったことに満足しているような、自慢しているようにも受け取れるようなたぬきのようすです。びっくりして見ているおかみさんの顔を見て、たぬきはどんな気持ちだったのか。子どもたちは想像を膨らませて語るはずです。

②豆知識

○注目させたい表現

「ぴょこんととび下りました。」

おかみさんに気付かれても慌ててはいません。

「うれしくてたまらないというように……ぴょんぴょこおどりながら……」

逃げ帰るのではなく、喜びを表しているたぬきのようす。

☆踊りながら帰るときのたぬきの気持ちを吹きだしに書かせてもよい。

③指導目標
○おかみさんがのぞいているのに気がつき、ぴょんぴょこ踊りながら帰っていくたぬきのようすや気持ちが読み取れる。

④展開
○前時の想起
・おかみさんがしていたとおりに糸を紡ぎ、束ねるたぬきのようす。
・おかみさんのつぶやき（吹きだし）を読む。
○立ちどまり【7】を一人ひとりのペースで音読。
○難語句の確認
○書きこみ
T たぬきの気持ちになって書きこみをしましょう。
○指名音読二名
T 書きこみを発表してください。
○全体での話し合い……注目させたい表現を押さえる。
話し合い。まとめ
T かえっていくたぬきの心のつぶやきを吹きだしに書きましょう。
T 今日のまとめの音読をしましょう。

⑤板書

ふゆ
ゆきがつもって、
きこりのしごとができない
—村へおりる—

はる
山おくのこやにもどり
またきこりのしごとをはじめる

※この間のたぬきのことを話し合う。

こやはからっぽ

子どもの発言を板書していく。
・おかみさんがいない間にやってみた
・おかみさんが（糸車をまわすのが）たのしそうだった。
・まねしてたからやってみてできた
・たのしくて、もう一かいやりたい。

すると、キーカラカラ　キーカラカラ　キークルクル　キークルクル
と、糸車のまわる音が、きこえてきました。
まさか！　たぬき!!
びっくりしてふりむくと、いたどの　かげから、ちゃいろのしっぽが
すこしだけみえた
ちらりと見えました。そっと　**のぞくと、**いつかの　たぬきが
おかみさんとおなじやりかた
じょうずな手つきで、糸をつむいで　いるのでした。
略

◆第八時

①指導目標

※ワークシートの吹きだしにおかみさんの心の中のことばを書く。

○題名について意見、感想が述べられる。
○イメージや情感を豊かに喚起しながら表現読みができる。
○感想文が書ける。

②展開

T お話をみんなで読んできて、いろいろなことがわかりましたね。どうして「たぬきの糸車」という題名なのか考えてみよう。

＊一人ひとり書きこむ。発表。

T 今まで話し合ったことを思い出して、気持ちをこめて音読しよう。

＊個別音読のあと、数人発表。

T 最後に「たぬきの糸車」をみんなで読んできて考えたこと、お話について考えたことをかきましょう。（感想）

＊発表しておわり。

六　授業記録（第六時）

（Tは教師、その他のアルファベット表示は児童、全は複数児童）

T 昨日（の話し合い）はすごかったね。昨日のこと思い出せるかな？

T 昨日のことを思い出しながら読んでみよう　（立ちどまり【5】）

指名読み

A 読むときにね、冬と春の間に「間」をあけたよ。

○題名読み
○吹きだし
○音読
○感想読み
　授業の中で発表の少なかった子が活躍できるとき。

☆授業で発表しなくても書きこみで自分の考えを表している子もいる。一読総合法では、一人ひとりの学習への参加のしかたやがんばりを見取る場面がたくさんある。

＊季節がうつるのに、行間は開いていない。しかしもっと時間はたっているはずだという。

T　ちょっと読んでみて。
A　（音読）
T　ということはその間、きこりの夫婦はどこにいったのかな？
B　村。
T　どうして村に行ったのかな？
C　寒くて、昔は電気がないから、木をたいて、きこりの仕事も　山奥は寒すぎて、木が湿ってちゃいけないから、木を切りにいけない。
A　雪がつもっているから。
B　木を切りにいけない。
T　雪がつもってると仕事ができないんだね。
T　その間、山の小屋は？
B　からっぽ。
D　家の中ががらっぽのはずなのに、糸車に糸がかかっていて、しかも白い糸の束があった。
T　（前時のプリントに）おかみさんのことばがかいてあったね。Cちゃん。
C　あれまぁ、糸もはずして、糸もしまったような気がするのに、どうして糸車には糸がついているんだろう。糸がたくさん積んであるんだろう。
T　Bちゃんも読んでくれる
B　なんだこれ。山には私たちとたぬきしかいない。でもたぬきはできるはず

☆前時に、冬から春にかけ、小屋が空っぽの間の夫婦の暮らしを子どもたちは、あれこれ予想した。そして、春になって小屋に戻ってきたときに、白い糸の束が積んであったのを見て驚いたおかみさんのようすを読み、子どもたちは「たぬきだ！」
「たぬきが小屋が空っぽの間に来て、糸車をまわしたんだ！」

「たぬきの毎晩毎晩の仕事に

がないな。ふしぎだな。

T　ふしぎだな〜と思ってはいってきたんだね。

B　まねして（やったとしても）でも手先が器用じゃないから

T　まさかたぬきにそんなことできるとおかみさんは思ってなかったんだね。

＊立ちどまり【6】のプリントを配布する

T　おかみさんは何を見たのかな？それを考えながらよく読んでみて。

《書きこみ》

B　（書きこみの最中に）板戸ってなあに？

T　板の扉、板の戸ね。こういう（教室のドアで説明）のが木でできているの。

B　このとき夜なの？昼なの？（絵をみて気になる）

C　これは、カラーコピーだから暗いんだよ。昔は電気がないから夜だったらまっ暗だよ。

＊教師は机間巡視　なかなか書きこみができない子への声かけ

《指名音読》

T　どこで発表しようか、自分の書いたことをもう一度考えながら聞きましょう。

T　これから、話し合いを始めます。友だちが話すと、いろんなことが頭に浮かぶでしょ。書いてなくてもいいから、それをどんどん話してね。えんぴつをおいてください。なんでだろうって書いていた子がいたね。Eちゃん。＊

なったんだ。」「だから『たぬきの糸車』なんだ」と題名について考えることばもたくさん出された。

☆書きこみをするときの視点をもたせる。なかなか読めない子、書きこみができない子には、一緒に読み、対話して、その子の発したことばを書かせるようにした。個別に書きこみの指導をする時間。

●なかなか発言できない子も疑問からなら発言できる。

☆友だちの音読を聞くときの視点をもたせた。

＊子どもの書きこみの間に机間巡視で子どもの文に目を通しておくと、話し合いの指導に生かせる。

E　なんできれいにできんのかな？
T　どこで？（どこの文章をさして疑問に思っているのかをきく）
E　そっとのぞくと、いつかのたぬきがじょうずな手つきで・・・のところで
B　そこである！
全　答えられる！
F　おかみさんが回している時にいつも見てて、まねをしたのかな。
T　どのページかな。（前の場面にもどる）
A　Fくんとちょっと似てる。
A　予想なんだけど、毎晩毎晩糸車を回すまねをしていたから。
C　秋の時の毎晩毎晩。
G　Fさんの理由は、だって見てたからだと思う。いつかのたぬきが、って書いてあるから。
H　糸車のまわす音が聞こえてきましたのところで、なんでたぬきってわからなかったのかな。
B　村へ下りている間、小屋はからっぽでだれも見ていなかったから。
T　するとっていうのは？
A　とつぜん。
D　もしかして　やっぱりたぬきだったのかもって書いた。
T　これはDちゃんの心のつぶやきだね。すると・・・きこえてきました。

A　おかみさんがどこかへ行こうとするときに、急にきこえてきた。

C　おかみさんが　ごはんをつくろうとしたとき　たいていたら　突然聞こえてきた。

I　びっくりしてふりむくと、板戸のかげから・・・のところで、しっぽがある、だれかやっているのかな。っておかみさんは思った。

T　おかみさんがそう思ったんだね。

F　ぼくもある。なんでこんなに上手なんだ。たぬきが上手な手つきでのところで。

J　どれくらいちらりとなんだろうな。しっぽがちょっと見えたんじゃないかな。

T　Jはちらりをしっぽがちょっとだけって言いかえてるね。

A　「ちらり」はたとえばさ、かくれんぼで手がちょっとだけ見えたとか。

D　いつかのたぬきが上手な手つきで……のところでたぬきがいないと思ったのにいる。

T　「あっ！　いた！」っておかみさんはびっくりしてるのかな？

C　いないと思ったのに、いたから、まさか！って。

B　かくれてたってことかな？

A　冬の間おかみさんたちが村に下りている間に糸車をやって、楽しかったからもう一回やろうと思って、夜にきた。

●Aは自分の経験を例にして「ちらり」を説明している。

T　ということは、この間っていうことか。（板書にある冬から春の間をさす）

B　からっぽの間に。

A　そう。楽しくて、もう一回やりたいって気持ちになって、それでやって。

T　冬の間のたぬきがやったってことか。この間、冬の間なにがあったんだろう。

T　FとDちゃんが言った、なんでこんなに上手なんだろうってところで、みんなの予想はない？

全　ある！　ある！　はい！

K　書いてないけど、いい？たぬきが毎晩糸車をまわすまねをしてて、それでやってみたいなあと思ってて、やってみたら、できた。

T　小屋がからっぽの間、やってみたら　できたってことか。

A　Kの意見につなげて、やってみてできて、楽しくてもう一回やりたい。

C　まねしてたから。だから糸車をまわすまねをしていたんだな。

A　それは秋だから。おかみさんがやっていて楽しそうだったから、おかみさんがいない間にやってみた。できないと思ったらできたから、もう一回。

T　おかみさんがやっていたのが、楽しそうに見えたんだね。Lさんなあに？

（おしゃべりのLが何やらプリントの前の方をめくり、後ろの子に話しかけている。これは、関係のない話をしているのではなく、何かにこだわってそれを友だちに話しているのだと思った。）

L　ちょっと前のお話なんだけどいい？たぬきがまわしてってことは家にもあ

☆板書で指し示す。

●Kの発言は、話し合い活動が深まっている証拠。子どもたちが話し合うなかで、さらに深く追求しているということ。

●担任をしていると、子どものようすがよく見えるようになる。

るから練習してたってことかな。

J　あぁ、いつかできるようになるために？

D　たぬきは人間じゃないんだから、家に糸車なんかあるわけないよ。

T　Lくんの言っていることがよくわからないから、もう一回言ってくれる？

L　（【第二時】の）たぬきが糸車をまわすまねをしてるってところで、たぬきの家にも糸車があって、その練習のためにおかみさんのところに来てたのかな。

D　それはない。

A　じゃ、たぬきの家に糸車があるならたぬきの家でやればいいんだよ。こんなところにわざわざ来ることないよ。

D　そうだよ。だから来ないよ。ぜったい。

M　たぬきの家に糸車があれば糸車が二個あることになっちゃう……

A　自分のいえでやるよ。

（みんなもそれぞれに何かいう）

T　Lくん、今の話で自分の中で「ああ、そうか」って思った？

（L頷く）

A　楽しくてもう一回やりたいって言ったじゃん。一年一組の子どももそうだよ。だってみんなまわしてたでしょ。（教室にある糸車を指差して話す）

T　そうか、これね、楽しくてもう一回やりたいと思うよね。

D　たのしくない。だってやろうと思ってもとられちゃうから。

●子どもの読みの勘違いを、子どもたち同士で修正していく。そして、みんなで納得していくことが集団の学び。

○みんなで学ぶことの良さを確認する。

T　Lくんみたいに、自分はこう思うんだけど、なんかおかしいかなということも、みんなで話していくとわかってくるね。学校っていいね。みんなで勉強するっていいね。

A　自分の心のことばを言うとすっきりする。

T　いいね。ほかにわかったことあるかな。「たぬきは上手な手つきで……」はわかってきたでしょう。

I　たぬきはつむぎおわると、こんどはいつもおかみさんがしていたとおりに……のところで、なんで同じことをやっているんだろう。

D　じゃないと　たぬきはやりかたがわからないんだと思う。たぬきは本当に知ってやってるんじゃなくて、見よう見まねでやってるから、もういっこ（他に）やり方があるかもしれないけど、そのやり方がわからないから、おかみさんと同じようにやってる。

T　すごいことばが出てきたね。見よう見まね。たぬきはだれを見てやったの。

B　おかみさん。

A　おかみさんのまねをして、おかみさんが最後にたばねてわきにつみ重ねるところまで見ていた。

T　最後まで見ていたっていうこと？

A　冬の間、おかみさんがいつ帰ってくるかわからなかったから、あのときは（まきかけた糸までかかって……のところを指して）やりかけで帰ってたん

☆話の軌道修正
糸車だけに興味があったのではなく、おかみさんがやっていたことすべてをよく見ていたことをみんなで確認した。

☆子どもから出てきたことばの再確認。

だよ。見られたら、ばれたらやだなって思ったからやりかけで帰った。

D　でもさ、昨日から思ってたんだけど、たぬきは知ってたんじゃなかったの。やがて雪は積もり村へ下りてで、毎年やってたことなんだから、たぬきももしかしてそれは（帰ってくることを）知ってた。

T　だから、たぬきはいつかおかみさんたちが帰ってくることを知ってた？

A　けど、毎年だったらさ、それからというものたぬきは毎晩まいばんだから、その前には来てなかったんだと思う。それかというものは今日からということだから。

C　毎年っていっても、寒さは毎年違うから帰ってくる日も毎年違うと思う。（カレンダーのことを言っている）

D　いや、人間は暦をよまないとわからないけど、動物は意外と賢いから自分の考えたときに帰ってくるとわかると思う。

K　（ずっと夜か、昼かにこだわっている）もしこれが夜だったら、おかみさんがこの間みたいに、糸車をまわそうとしたら、キーカラカラって聞こえてきて、見てみたらたぬきがやってて、ああ、たぬきがやってるんだなと思った。

D　いやそれはちがうとおもう。びっくりしてふりむくとだから。それはちょっとちがう。

T　のぞくってわかる？

（おかみさんが板戸からのぞいている後姿の絵を貼り出す）★

☆Kの読みに対して、Dが文章にそくした読みをして、修正している。

★板書
おかみさんがのぞくようすを教科書の絵につなげてみた。

T　このときのおかみさんの心の吹きだしを書いてみて。
（プリントにある、糸を紡いでいるたぬきのようすを見ているおかみさんの心の吹きだしに、ことばを書く。）
T　Iちゃん、読んでみて。（三名指名）
C　あれは、いつものたぬきがしていたのか。それにしてもすごい手つき。器用なたぬきね。すごいわ。びっくりしたわ。
G　あのたぬき、どっかでみたような……すごいじょうずだな。
J　あ、前のたぬきがやってる。前見てたから、わかったんだ。
T　最後に今日のところを読んでみよう。みんなで考えたことを頭に入れながら読んでみよう。
＊個別音読
＊指名音読二名　拍手
T　とても上手に読めたね。みんなに読んでもらいたいくらい、他の子もよく読めていたよ。いよいよ明日で終わりです。明日も勉強していきましょうね。

七　授業を終えて

最後の授業で子どもたちから「もう終わりなの？」「もっとやりたい。」という声が聞かれました。これは、たくさん発言する子が発したことばです。あまり発言しなかった子はどうだったのでしょうか？　授業が楽しいと思えたでしょうか？　この疑問は、これからもずっと持ち続けて今後も授業をしていきたいと考えています。

この授業を通して、なるべく全員が授業の中で発言するように、授業に参加できるように考えてきました。一読総合法ではそれを見取ることができます。しかし、発言することだけが授業に参加していたということではありません。ある子の場合、発言はしないけれど書きこみや最後の感想を書いてくれます。または、発言はするけれど、書きこみは少ないとか、自分の考えはあまり書けないけれども、友だちの発言で気づき、友だちのことばを書いている子もいます。それぞれの参加のしかたでよいのです。書きこみがむずかしい発達段階の子でも、文章を指定して考えたり、その子のことばを聞き取って書いたりすればいいでしょう。その参加のしかたを見取るのが授業であり、書きこみプリントなのです。

低学年なので、全文板書を使って、授業を進めてきました。そうすることで、全員がどこの文章について話し合っているか、確認しながら進めることができます。

また、登場人物になりきって考えられるのも低学年ならではなので、吹きだしを使うことも効果的でした。一年間でどういう子どもに育てたいか、三学期にはどんな授業をしたいのか見据えて、年間計画を立てることが大切です。

授業の課題

○一時間の流れの組み立て

・前時の振り返り

・ひとり読み

・話し合い

・表現読み

これを45分の中で組み立てる。

○ひとり読みをする際の動機づけとして、投げかけのことばをどうするかを考える。

○教師は、子どもたちの発言の整理と方向づけをする。

○板書は話し合いの方向づけ、価値づけとして考える。

「ろくべえまってろよ」灰谷健次郎／作（学校図書）丹野洋次郎

一　作品について

「ろくべえまってろよ」は、灰谷健次郎氏の作品で、文研出版から絵本として出されています（昭和五〇年）。教科書教材としては、現行は学校図書（一年）のみです。

本作品では、灰谷氏の考える知的労働者としての子ども像（※）が描かれています。子どもたちは、おとなに頼らずに、子どもたちだけで「あたまがいたくなるほどかんがえ」ます。子どもたちの思いや行動は、知恵を出し合ったり、思いついたことは即座に行動に移したりと、ろくべえを助けるという一つの共通の目標に向かっています。おかあさんたちやひまそうな人の非情な言動との対比が、子どもたちのろくべえに対する優しさを際立たせています。想像豊かな子どもの心のたくましさを、会話文だけでなく、地の文からも読み取ることのできる作品となっています。

二　教師の読み

1　状況と人物

※豆知識
『せんせいけらいになれ』あとがきに作者が書いたことば
「子どもたちは、（中略）人間の一生の中でもっとも豊かで、意味深い労働をいとなむ知的労働者であり、人類の創造性を保障する原動力でした。子どもたちは、楽天的で、前進的で、自由で、彼らを眺めるだけで人々の心に平和をもたらす思想家でした」

（子どもたち五人…えいじくん・かんちゃん・みつおくん・みすずちゃん・しろうくん）

主人公は、全員小学校一年生。読み手である子どもたちと同じ年齢です。一人ひとりがあれやこれやと、ろくべえを助ける方法を考え、一つの作戦を全員ですぐに実行に移す行動派で、協力的な子どもたちです。

そして、ろくべえを助けたいという強い気持ちと優しい心をもつ子どもたちです。助けるということばは一度も使われてはいませんが、子どもたちの行動とことばから「ろくべえを助ける」という強い気持ちを文章全体から読み取ることができます。

えいじくんは、積極的に穴に落ちたろくべえを勇気づけています。かんちゃんは、正義感が強く、クッキー作戦を思いつきます。しかし、正義感が強いあまりに、おかあさんに口ごたえをしたり、ろくべえやクッキーに「まぬけ。」と言ったりしてしまいます。みつおくんは、うちから持ってきた懐中電灯で穴の中のろくべえを照らし続けています。みすずちゃんは、ろくべえが好きなことを覚えており、シャボン玉作戦を思いつきます。しろうくんは、個人の行動描写として登場するのは、「ちぇっ。」と舌打ちをする場面だけです。

五人それぞれが違った人物像であることが、リアルな子ども集団となっていて、読み手にはより自分たちに同化して読み進められる描き方になっていると考えます。

○描かれている場所は、ろくべえが落ちた穴のみで、場所の変化は見られない。

○五人の子どもたちは、それぞれ性格が違う。それが行動描写から推測できる。

〈子どもたちとろくべえ〉

ろくべえと名前がついている点や子どもたちがろくべえを助ける行動をするところから、子どもたちとろくべえは、親しい関係にあることがわかります。ろくべえの飼い主を呼びに行かないことから、ろくべえは野良犬だということが推測できます。

穴に落ちていたろくべえという犬を助け出すまでの子どもたちのやさしさと行動が描かれています。「キョユーン、ワンワン」。キョユーン、ワンワン」という悲しげな鳴き声のろくべえ。その鳴き声を聞いただけで、ろくべえとわかる子どもたち。また、ろくべえと名前がついていることで、子どもたちとろくべえの間の親しい関係が見えてきます。

「がんばれ」と叫んだり、「どんぐりころころ」「おもちゃのチャチャチャ」を歌ったり、シャボン玉作戦をしたりと、一年生らしい、子どもらしいアイデアで元気づける作戦を実行しますが、ろくべえはぴくりとも動かなくなります。子どもたちは、頭が痛くなるほど考え、クッキー作戦を立てます。名案です。一年生ですから、かごとロープを結ぶのに時間がかかります。クッキーをかごに入れ、ゆっくり慎重に下ろします。クッキーが穴へ降りてしまったときには、あっけにとられたようすが、「あれえ」「まぬけ」「ちぇっ」ということばに表れています。失敗におわると思いきや、二匹がかごの中に入ります。あきらめていなかった子どもたちはそのチャンスを逃さず、やっとの思いでろくべえを

○子どもたちや、子どもたちのおかあさん、ひまそうな人それぞれが、穴に落ちているろくべえを見て、飼い主を呼ぶという発想をしていないところから、ろくべえは野良犬であると推測できる。

○子どもたちのアイデア
・「がんばれ」と叫ぶ。
×おかあさんに助けてもらう。
・「どんぐりころころ」「おもちゃのチャチャチャ」を歌う。
・ろくべえが好きなシャボン玉を吹く。
×ゴルフクラブをもったひまそうな人に助けてもらう。
◎ろくべえの恋人のクッキーをかごに入れて下ろし、そのかごにろくべえを乗せる。
（×作戦失敗　◎作戦成功）

助け出すことに成功します。ここでは、「そろり、そろり。」「あっ。」「しめた。」「そら。いまだ。」「わあっ。」と、絶望からのどんでん返しが描かれ、スピード感をもって、読み手の子どもたちを緊張から安堵へと導いていています。

読み手は、いったいどうなるのか、どうやって深い穴から助け出すのかという意味で、最後まで引きつけられていきます。山あり谷ありといった文章展開でおもしろさがあります。

（子どもたちとおとな）

おかあさんたちは、わいわいがやがや言って、何かと理由をつけて、子どもたちの頼みを断ります。かんちゃんが、「ぼくが下りていく」と言うと、根拠もなく、「穴にはガスがたまっている」と言って、子どもたちを驚かせます。おかあさんたちの言動が、子どもたちのやさしい行動との対比として描かれています。ひまそうな人は、「犬でよかったなあ。人間やったらえらいこっちゃ」と言っただけで行ってしまい、子どもたちの頼みを聞いてくれません。この行動が、ろくべえを子どもたちで助けようと決心するきっかけとなります。

子どもたちのろくべえを助けてやってほしいと願う気持ちを少しも理解しないで、勝手なことを言って行ってしまう冷たい人たちです。子どもたちとの対比を、子どもたちからの皮肉めいたおとな批判の目で描いている点におもしろさがあります。

○おとながろくべえを助けてくれないことで、五人の子どもたちが、知恵を振り絞って、ろくべえを助け出そうとする、という作品の醍醐味を引き立てている。

2　構成と表現の特徴

◆作品の構成

（冒頭部分）ろくべえが深くてまっくらな穴に落ちたという大事件を、えいじくんをはじめ、登場人物の子どもたちが発見する。

（展開部分①）おかあさんに救出を頼るが、無理だと言って帰る。読み手は、子どもたちに同化しながら読み進むことができる。

（展開部分②）シャボン玉で励ます姿から、ろくべえに対する子どもたちの思いの強さを感じ取ることができる。

（展開部分③）おとなの男の人が通りかかるが穴の中を見て、立ち去る。子どもたち自身で助けようという決意をする。

（展開部分④）クッキーをおとりにして子どもたちだけの力で救出しようとする。子どもたちの一生懸命さが描かれている。

（終結部分）失敗かと思われたが一転成功へ。子どもたちの喜びの姿を、読み手も共有して読み終えることができる。

◆表現の特徴

①ろくべえの鳴き声から始まる物語

ろくべえの鳴き声「キョユーン、ワンワン。キョユーン、ワンワン」から物語が始まっているところに読み手を引きつける力があると考えます。

②倒置法や句読点を使ったことばと行動の強調

○展開部分では、子どもたちがろくべえを助け出すためのアイデアを出し合っては、すぐに行動し、失敗してはすぐに次のアイデアを出すという、知的労働者としての子ども像が描かれている。

○学習計画における特徴的な表現の読み方・第一時では、「キョユーン、ワンワン。キョユーン、ワンワン。」を表現読みさせ、穴に落ちた時のろくべえのようすを読ませる。

・第九時では、句読点や間の読み方を工夫することで、子どもたちが慎重にかごをつけた

（展開部分①）では、倒置法を使って、母親の子を守るという思いを強調的に表現しています。さらに、（展開部分④）のクッキーを下ろす場面では、句読点を使って、子どもたちが慎重にロープを下ろすようすを表現しています。

③方言や単語や間投詞だけの子どもたちのことば

子どものことばは、短く切られていたり、単語のみであったりと、文法を意識しない日本の小学一年生らしさが表現されています。特に、（展開部分④）から（終結部分）にかけては、子どもたちのスピード感のある行動が、「あっ」「あれえ」「まぬけ」「ちえっ」「あれえ」「わあっ」という感情を表すことばのみを発する子どもたちのことばで表されています。また、関西弁のことばが突然発せられている点からは、子どもたちが早くろくべえを助けたいという気持ちが前面に出ていることを読み取ることができます。子どもたちの緊張感、期待感、臨場感を豊かに表現しています。

④擬態語を使った表現

「わいわいがやがや」や「そろり、そろり」「ひょいととび出て」「ぴょんととびのりました」など、読み手が登場人物の動きを捉えやすい表現が効果的に使われています。

⑤心内語を使った表現

特徴的なところとしては、「こまった。こまった」や「どうしよう。どうしよう」と子どもたちが、ろくべえを助けるために悩んだり、おとなに頼んでも断られ

ロープを下ろしているようすを表現し、読ませる。

〇学習計画における特徴的な表現の読み方

・心内語（心の中のことば）から、五人の子どもたちのようす、頭の中で考えていることを、登場人物に同化して、具体的なことばで表現させる。音声化することで、登場人物の状況が具体的になる。

たりしている部分があります。ここでは、子どもたちの葛藤を、子どもたちの心の中のことばで、直接的に表現しています。また、クッキー作戦での「しめた。そら、いまだ」ということばからも、子どもたちがろくべえを助ける臨場感が伝わります。読み手は、子どもたちと一体化して読み進めることができます。

⑥子どもたちに寄り添った語り手

語り手は、登場人物と近いところに寄り添っています。そして、ろくべえを助けたいと思っている子どもたちに寄り添って全体が語られています。しかし一か所だけ語り手が、子どもたち寄りではない部分があります。それは、（展開部分①）みんなで、相談しておかあさんを連れてきて、助けを乞い、断られる部分です。「『けち。』と、かんちゃんは、口ごたえをしました」という部分です。この部分だけ、語り手は、おとな（おかあさん）寄りに立っています。この語り手の立ち位置の変化が、子どもたちのろくべえを助けようとする行動に対して、読み手を共感させやすいようになっています。

三　教材化にあたって

1　子どもの実態

登場人物になりきって会話を進めたり、動いたりと、自分たちの経験や心の中に感じたことを外言化しながら、物語の中に入っていくことが好きな子どもたちです。ひとり読みで、一人ひとり作品世界に入りこみ、意見をもつことが

・口ごたえとは、目上の人からとらえた目下の人の返答である。

できます。また話し合いでは、友だちの発言を聞きながら自らの意見とつなげたり、新たに意見をもったり、自分の意見を整理したりしながら、読みを深めていくことができるようになってきます。

2　教材化の視点

読み手としては、主人公である子どもたちに同化しながら読んでいきやすい作品です。本作品を読み進めていくなかで、主人公である子どもたちが、仲間と協力し、自分より弱いものを助ける行動のすばらしさを読み取らせたいと思います。語り手が子どもたちに寄り添っている点が、読み手にとって、文章を読み進めていく上で、視点がはっきりしていて読みやすくなっています。その中で、擬態語が表すようすを動作化します。また、単語や間投詞だけの子どもたちのことばや心内語から登場人物の気持ちを具体化し、登場人物に同化したり、客観的に読んだりして、読み深めていきます。

四　全体の指導計画

1　指導目標

○子どもたちが、知恵を出し合ったり、協力したりして、ろくべえを助けていくようすを読む。
・登場人物の心情を表した表現読みができる。
・登場人物の言動に対して、感想や意見をもち、話し合うことができる。

○低学年の児童は、発達段階として、具体的操作期にある。登場人物に同化することが得意である。また、吹きだしや表現読み、実際に行動してみることで、文学の読みがさらに深まっていく。

○表現読みの活動
①ようす・気持ちを出す
②読み方を出す
③表現読みの順で、読み深め、音声化する。

2　指導計画

時	立ちどまり	立ちどまりの範囲
1	題名・1	題名・「キョユーン、ワンワン。―」～すがたは見えません。
2	2	みつおくんが、～　口々にいいました。
3	3	しかし、がんばれと　～　こまった。こまった。
4	4	みんなでそうだんをして、～　えいじくんもいいました。
5	5	ろくべえがまるくなって　～　上げただけです。
6	6	「ろくべえは、―。」～　かおをしています。
7	7	そこへ、～　いってしまいました。
8	8	もう、だれもあてにできません。　～　名あん。名あん。
9	9	「クッキーをつれてくる。」～　やっとつきました。
10	10	「あれえ。」～　ロープをひきました。
11	全文	

五　授業の実際

1　一読総合法の指導

一学期〈意見出しと一読総合法の入門期〉

○紙芝居『くちのあかないカバ　ヒポポくん』（童心社）（投げ込み教材）

○感想意見出しの活動

①登場人物に同化した発言

②読み手としての客観的意見の双方が出る。読み手の一年生は、書きやすいほうで書いている。

絵から意見を出し合う。教師が意見をつなげ、話を作っていく。
○文学「おおきなかぶ」
思ったことや疑問、登場人物の気持ち、かぶのひっぱり方などのようすを書きこむ。動作化を取り入れた表現読み。

二学期〈ひとり読みによる文章への飛びつき〉
○説明文「まめ」
知っていることを出し合う。生活科での朝顔の観察と関連させる。
○文学「はじめは『や！』」
思ったことや疑問、登場人物の気持ち、文章やさし絵から想像したようすを書きこむ。登場人物になりきった表現読み。

三学期〈ひとり読みをもとに話し合う〉
○説明文「くらしをまもる車」
知っていることのほか、文章や映像からわかったことを出し合う。また他の車について調べる発展学習をおこなう。
○ももたろうプリント・きんたろうプリント（白須富夫氏実践）（投げ込み教材）
ひとり読みでの自力学習の力を高めるために行う。思ったことやわかったこと、気持ち、ようすなどを書きこみ、話し合う。

○低学年では、自分の思ったことや考えたことなど、自分の意見を言える（発言する）ようになることが、重要であると考えている。発言のトレーニングとして、国語の授業で発言する練習を多く取り入れている。

○知っていることなど、自己の経験と結びつけることで、読み深め、知識を深めたり、知識を得たりすることができると考えている。

2　立ちどまりごとの授業

◆第一時【題名】【立ちどまり1】

①教師の読み

「ろくべえまってろよ」と、子どもたちがろくべえに対して声をかけています。文末が命令形になり、「よ」がついているところから、強い口調で、子どもたちのろくべえを助けるという強い気持ちが込められています。

穴に落ちたろくべえの鳴き声から物語が始まります。読み手に「どうしたんだろう」「何があったのだろう」と物語の中に入るきっかけの出だしです。

穴に落ちたろくべえを初めに見つけるのは、えいじくんです。その後、かんちゃんが「まぬけ」と言います。仲の良い関係にある子どもたちとろくべえだけに、この「まぬけ」には、〝犬なのになぜ穴なんかに落ちるんだ〟〝俺たちだったら落ちないぞ〟というかんちゃんの気持ちが感じられます。

穴の中は暗く、声でろくべえとわかるだけで、子どもたちは、ろくべえがどのような状況なのかわからず、心配しています。

②指導目標

題名と、穴に落ちたろくべえが助けを求めている状況とを関連させて読む。

○読み取らせたい内容
・ふかくてまっくらなあな
・ろくべえのようす

○おさえたい表現
ふかくて、まっくら
ろくべえまってろよ
キョユーン、ワンワン
あなにおちている
まぬけ

○学習活動
・題名読み
・ひとり読み
・話し合い
・感想意見出し
・表現読み

③板書

どうぶつの名まえ

ろくべえまってろよ

おちる
まいご → たすける

ちょっと
はやく
小さめ

ろくべえかなしそう
出たい　ないている

「キョユーン、ワンワン。
キョユーン、ワンワン。」

早く出して！

とくべつな犬
子犬

ろくべえ

あなにおちている

よそ見をしていた

ふかくてまっくら
たすけたい　しんぱい

えいじくん
かんちゃん

「まぬけ。」

つよく　大きなこえ
本気でいっている

たすけないと。
じぶんだったら、たすけたい。
早くたすけてあげて。

凡例
- □ おさえたい表現
- 吹き出し 表現読み
- ― 読み手の言葉
- 太枠 感想・意見

○評価

「ろくべえまってろよ」と「まぬけ」に込められたろくべえに対する気持ちを比べて読むことができる。

◆第二時【立ちどまり2】

①教師の読み

　みつおくんが家から懐中電灯を持ってきて穴の中を照らしたので、ろくべえの姿が見えました。懐中電灯の明かりに反応してか、上を向いてこっちを見ているろくべえ。そんなろくべえに「がんばれ」と叫ぶえいじくん。その声が聞こえ、ろくべえは「助けが来た。あの子たちだ」と言わんばかりに鳴き声が大きくなります。子どもたち五人は「がんばれ」と声をかけます。

②指導目標

ろくべえを心配する子どもたちの行動と気持ちを読む。

③子どもたちの読み

てらすと、上をむいてないていているろくべえが見えました。

A　やっぱりろくべえだ。　**B**　明かりが届くところでよかった。

C　大丈夫かな。

D　ろくべえを励ましている。

「ろくべえ。がんばれ。」

「ろくべえ。がんばれ。」みんな、口々にいいました。

E　もっと、励まそう。　**F**　「がんばれ」だけじゃ助けられない

○読み取らせたい内容

・子どもたちがかわいがっている犬

・みんなではげます

○おさえたい表現

・てらす

・上をむいてないているろくべえ

・がんばれ

・さけびました

○学習活動（次時の立ちどまり以降、同様の学習活動の流れ）

・ひとり読み

・話し合い

・感想意見出し

・表現読み

④板書

ろくべえまってろよ

子どもたち
あせっている
さがしている

ふかくてまっくらなあなにおちている
ろくべえが大ピンチ

上をむいてないているろくべえ
うれしい↓「ワンワン。」＝たすけて！

早く助けたい！

早く出たい！

はしってかい中でんとう
をもってきた
てらす

みつおくん
いっぱい　大きな声
バラバラに

えいじくん
さけびました

みんな　口々にいった。

「ろくべえ。がんばれ。」

まってろよ
たすけたい

○評価
ろくべえを心配する子どもたちのようすを読むことができる。

◆第三時【立ちどまり3】

①教師の読み

「しかし、……」ここで状況を整理します。ろくべえは何をがんばったら助かるのか。そして、平日のまだ高学年が学校にいる時間なので、だれかに助けてもらうことができません。かといって、自分たちが穴に下りていくことも危険。「こまった。こまった。」に、子どもたちの〝ろくべえを助けたいけど、方法が思いつかない〟という葛藤が感じられます。ここで、読み手には、子どもたちのろくべえに対する気持ちを話しかえで、読み深めさせます。

②指導目標

子どもたちだけで助け出すのは無理だし、他に頼ることのできる人もいないことがわかる。

③子どもたちの読み

さけぶだけではどうにもなりません。

G さけんでも、ろくべえは穴から出られない。

こまった。こまった。

G どうやって助けたらいいんだろう。

H だれか助けてくれる人いないかな。

○読み取らせたい内容

・子どもたちは、小学一年生

・平日の午後

○おさえたい表現

・さけぶだけではどうにもなりません

・こまった。こまった

④板書

ろくべえまってろよ

てらす

「ろくべえ。がんばれ。」

さけびました

ゆう気づける

気もちをこめて

いっている

さけぶだけではどうにもなりません

がっかり　目がはなせない

たべものをおとす

ロープをつかってたすける

ロープにかごをつける

えいじくん
みつおくん
かんちゃん　一年生

こまった。
こまった。

高学年の子↓学校
おとうさん↓しごと

あたまをかいている
みんなでそうだん
おかあさんにたのむ
じぶんたちでたすける

○評価
子どもたちの今の状況を読むことができる。

◆第四時【立ちどまり4】

①教師の読み

　みんなで相談をして、おかあさんたちに助けを求めることにしました。しかし、おかあさんたちは、わいわいがやがや言って、ろくべえを助けようとはしてくれません。しびれを切らしたかんちゃんが「ぼくが下りていく」と言うと、おかあさんは怖い顔をして止めます。さらに、「ふかいあなのそこには、がすがたまっていて、それをすうとしぬことだってあるんですよ」と事実かどうかわからないことを子どもたちに言って、脅かします。そして、おかあさんたちは子どもたちがろくべえを助けたいという気持ちであることも気にせず、帰ってしまいます。しかし、子どもたちは、おかあさんたちの脅しのことばを聞いて、助けに行こうとしている自分たちのことよりも、穴の中にいるろくべえのことを心配します。この子どもたちの考え方からも、仲のいいろくべえをどうにかして助けたいという気持ちが伝わってきます。

②指導目標

　おかあさんたちの言動に対する子どもたちの気持ちを読む。

○読み取らせたい内容

・おかあさんたちは「しぬことだってある」と言って帰ってしまうようす

・子どもたちは助けたいと思う気持ちとようす

・口答えしたときの子どもたちの気持ちとようす

○おさえたい表現

・ひっぱってきました

・むりよ　けち

・口ごたえ

・きっぱりと

・それをすうと、しぬことだってあるんですよ

・かおを見あわせました

・やっぱり～

　かえってしまいました

③板書

ろくべえまってろよ

こまった。
こまった。

「むりよ。」

それをすうと、しぬことだってある

かおを見あわせました

子どもたち
おかあさん

おかあさんをひっぱってきました

むりやり
しかたなく

わいわいがやがやいいながらかえってしまいました

子どもたちが
しんぱい

うそ?

そんなかんたんに
あきらめないで

「けち。」
「けち。」
「けち。」

たすけにいきたいような
いきたくないような
しぬのはやだ

○評価
おかあさんたちの言動から子どもたちが思ったことを、想像することができる。

◆第五時【立ちどまり5】

①教師の読み

穴の中で丸くなってしまったろくべえを見て、子どもたちは心配になってきました。そこで子どもたちは、「どんぐりころころ」や「おもちゃのチャチャチャ」を歌ってろくべえを元気づけます。しかし、ろくべえはちょっと目を上げただけです。歌で元気づけるところが小学一年生らしいです。

②指導目標

歌を歌ってろくべえをはげます子どもたちの気持ちを読む。

③子どもたちの読み

ろくべえがまるくなってしまった

I お腹すいたのかな。 **J** 元気がなくなったのかな。

みんな、しんぱいになってきました。

A みんな、ろくべえから目を離さないで見ている。

ちょっと目を上げるだけです。

D 元気がなくなったから、目を上げるだけしか動けない。

けえきのええうた

K 元気の出る歌 **B** 歌で元気づけてあげよう。

○読み取らせたい内容

・ろくべえを元気づけようとする子どもたちのようす

・その時のろくべえのようす

○おさえたい表現

・まるくなってしまった

・しんぱいになってきました

・ちょっと目を上げるだけ

・けいきのええうた

④板書

ろくべえまってろよ

ろくべえ

まるくなってしまった

ちょっと目を上げるだけ

ろくべえ

さみしい

ガスをすわないように

元気がなくなってきた

みんな

しんぱいになってきました

みんな　ろくべえがんばって

ろくべえたすけるからな

どうしよう

けいきのええうた

＝元気が出るうた

パッとおもいついた

うたしかおもいつかなかった

まずは元気づけるため

○評価

歌でろくべえを元気づける子どもたちのようすを読むことができる。

◆第六時【立ちどまり6】

①教師の読み

歌ではちょっと目を上げただけでした。そこで次は、しゃぼん玉で元気づける作戦を思いつきます。「みんな、うちへとんでかえりました」という場面から、思いついたら全員で即座に行動するチームワークがうかがい知れます。また、「きょうそうのようにして、シャボン玉をふく」ところから、一人ひとりそれぞれろくべえに対する強い思いがあることがわかります。しかし、ろくべえはぴくりとも動きません。それを見た子どもたちは、「はんぶんなきそうなかお」になります。あきらめの気持ちが心をよぎったようです。

②指導目標

半分泣きそうな子どもたちの気持ちを読む。

③子どもたちの読み

とんでかえりました／きょうそうのようにして

G 早くろくべえを助けたい。 **L** ろくべえを元気づけないと。

ぴくりともうごきません

M もうだめか。 **N** 動けなくなった。

はんぶんなきそうなかお

B あきらめた。 **J** まだあきらめてない。あきらめたくない。 **N** 助けたい

○読み取らせたい内容

・ろくべえを元気づける子どもたちのようす

・半分泣きそうな顔の子どもたちの気持ち

○おさえたい表現

・とんでかえりました

・きょうそうのように

・ぴくりともうごきません

・はんぶんなきそうなかお

④板書

ろくべえまってろよ

ろくべえ

ちょっと目を上げるだけ

みんなから、みたら
ねてるみたい

ぴくりともうごきません

ますますしんぱい
どうしよう

みんな

シャボン玉→元気づけるため
びっくりする
いつもあそんでいる

とんでかえりました

いそいで　ハアハア

きょうそうのようにして

もうスピード　あせびっしょり

ろくべえのために（しんぱい）
いそいで・おもいきり

はんぶんなきそうなかお

どうやってはげまそう
ほんとうにしんぱい

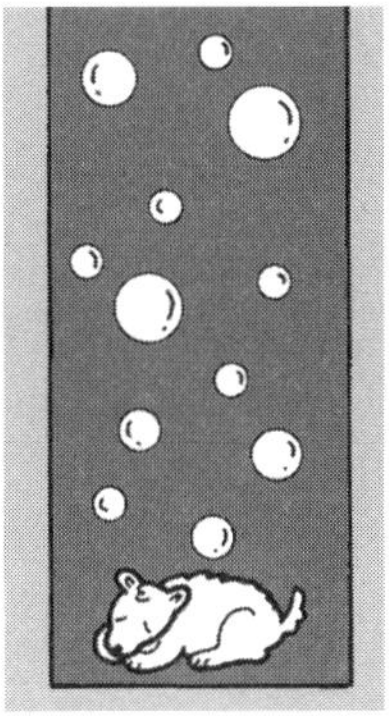

〇評価

ろくべえの好きなシャボン玉を吹いても動かないろくべえを見てますます心配になる子どもたちのようすを読むことができる。

◆第七時【立ちどまり7】

①教師の読み

そんな時に、男のおとなの人が通りかかります。子どもたちは、わらにもすがる思いでろくべえを助けてくれるように頼みます。しかし、「犬でよかったなあ。人げんやったらえらいこっちゃ」と言っただけで行ってしまいます。

②指導目標

子どもたちの期待と落胆ぶりを読む。

③子どもたちの読み

たのみました。

O 知らない人だけど、お願いします。 **H** だれでもいいからお願い。

「犬でよかったなあ。人げんやったらえらいこっちゃ」

O ひまそうな人は、「何だ犬か」って思った。

D 子どもたちは、「犬だったら助けなくていいの」って思った。

P 子どもたちは、怒った。

そういっただけでいってしまいました。

E 子どもたちは、「おとなは何もしてくれない」って思った。

G 子どもたちは、がっかりした。 **C** 「けち」って言った。

○読み取らせたい内容

・おとなと子どもたちのろくべえに対する気持ちの違い

○おさえたい表現

・たのみました

・「犬でよかったなあ。人げんやったらえらいこっちゃ。」

・そういっただけでいってしまいました

④板書

ろくべえまってろよ

ゴルフクラブをもったひまそうな人

「どれどれ。」

みんなたのみました
たすけてほしい

「犬でよかったなあ。人げんやったらえらいこっちゃ。」

そういっただけでいってしまいました。

犬だったらたすけなくていいの。

かんたんにあきらめないで。

わるいおじさんだ。

せっかく大人の人をよんだのに。

やっぱりだめだ。

いろんな人がいてもたすけてくれない

〇評価

子どもたちの期待と落胆ぶりを読むことができる。

◆第八時【立ちどまり8】

①教師の読み

その男の人のことばによって、子どもたちは自分たちでろくべえを助ける決意をします。口をきゅっとむすんで、頭が痛くなるほど真剣に考えました。そこでかんちゃんが、ろくべえの恋人クッキーを使う作戦を思いつきます。元気なかんちゃんも「下ろしたら……」と少し自信がなさそうな言い方をしています。みんなでかんちゃんの一つの考えについて考え、「名あん。名あん」ということになります。

②指導目標

自分たちの力で助けだそうとする子どもたちの粘り強さと、クッキー作戦のアイデアを読む。

③子どもたちの読み

B 自分たちだけでろくべえを助ける決心をした。 **C** あきらめないぞ。

もう、だれもあてにできません。

B 今までよりもっと考えた。

あたまがいたくなるほど

D これなら助けられる。

名あん。名あん。

F なんで今まで思いつかなかったんだろう。 **Q** 早速やろう

○読み取らせたい内容

・だれもあてにできないとわかった子どもたちの気もちとようす

・名案の内容

・ろくべえとクッキーの関係

○おさえたい表現

・もう、だれもあてにできません。

・あたまがいたくなるほど

・ろくべえのこいびと

・名あん。名あん。

④板書

ろくべえまってろよ

おとなの人にたのむ。（二回め）↓×

「犬でよかったなあ。」

といっただけで、いってしまう。

おかあさんといっしょだ。あきらめるな。

つぎはどうする。


もうだれもあれにできません。

おとなはたすけてくれない。
じぶんたちでたすけるけついをした。

口をきゅっとむすんで、あたまがいたくなるほどかんがえました。


いままではおもいつきだった。

なんかいいほうほうはないかな。

ろくべえのためだ！

もうさいごはこれだ！

そのかごにクッキーを入れて、下ろして、そのかごにろくべえがのる
↓
名あん。名あん。

やっといいさくせんをおもいついた。
さいごのさくせん　これならだいじょうぶ

〇評価
自分たちで助けだそうとする粘り強さを読むことができる。

◆第九時【立ちどまり9（本時）】

①教師の読み

さっそく子どもたちは、クッキー作戦実行のための準備を始めます。一年生なので準備にも時間がかかります。でも、やっとできました。「とても時間がかかりました」までの「間」の取り方は表現読みします。そして、慎重にクッキーを入れたかごを下ろしていきます。この場面も表現読みします。「ぐらっ」っと、かごが傾き、クッキーが落ちそうになり、子どもたちもひやひやします。「やっとつきました」ということばから、子どもたちの安堵感が伝わっていきます。

②指導目標

ろくべえを助けだすためにみんなで準備し、慎重にかごを下ろす子どもたちのようすと気持ちを読む。

③子どもたちの読み

I 手が痛くなるほどギュッと結んだ。

F 五人は役割分担をして、準備した。

R 慎重に下ろそう。

G ふー。やっと下ろせた。よかった。

○読み取らせたい内容

・みんなで準備しているようす

・一年生だからひもを結ぶこと自体とてもむずかしいこと

・ゆっくり慎重に下ろしていること

・ひやっとした子どもたち

・ほっとした子どもたち

○おさえたい表現

・「クッキーをつれてくる。」

・かごとロープをとりに

・とてもじかんがかかりました。

・そろり、そろり。

・ぐらっ。

・「あっ。」

・あぶない。

・やっとつきました。

④板書

ろくべえまってろよ

もうだれもあてにできません。
じぶんたちだけでたすけるけつぃをする。
あたまがいたくなるほどかんがえた。
めいあん　クッキー（ろくべえのこいびと）をかごに入れて、おろしたら、ろくべえがかごにのる。

やっといいさくせんをおもいついた。さいごのさくせん
これならだいじょうぶ　もうこれしかない！

「クッキーをつれてくる。」！
もうスピード　ダッシュ
できるだけ早く

かごとロープをとりに
手がいたくなるほどギュッと

ロープをむすぶのに
とてもじかんがかかりました。

やくわりぶんたん

ろくべえを見ている人

そろり、そろり。
そろり、そろり、そろり。
そろり、そろり、そろり、そろり。
ぐらっ。
「あっ。」
もうすこしで
おちそうでした。
あぶない。
あぶない。
やっと　つきました。

ゆっくり　しずかに
そおっとそおっと
ロープがきれたら大へん
手に力を入れた
ドキッ
ラッキー
フー
よかった

○評価
ろくべえを助けだすための子どもたちの行動やようすを読むことができる。

◆第十時【立ちどまり10】

①教師の読み

やっとの思いでかごを下ろした子どもたち。しかし、ここで、クッキーがかごからとびでて、穴の中でろくべえとじゃれ合っています。「あれえ」「まぬけ」「ちぇっ」と、みすずちゃんやかんちゃん、しろうくん。名案だと思ったクッキー作戦がまさか二匹とも穴の中に入ったままになってしまうなんて。安堵から一転、子どもたちはさらに、困惑してしまいます。と思ったとき、じゃれ合っていたクッキーがかごに入り、続いてろくべえもぴょんととびのりました。そのチャンスを逃さず、「しめた。そら、いまだ」とロープを引き、ろくべえを助けだすことに成功します。安堵から一転困惑に変わったと思ったら、チャンスを逃さず、救出する。展開のスピード感に読み手がついていけるように、場面を切りながら、話し合いを進めます。

②指導目標

がっかりした子どもたちのようすを理解し、「わあっ」と喜んだ時の子どもたちの気持ちを読む。

③子どもたちの読み

O よかった。 **G** ろくべえもう落ちないでね。

○読み取らせたい内容
・「まぬけ」とどなった理由
・ろくべえとクッキーの穴の中でのようす
・ロープを引く子どもたちの気持ち

○おさえたい表現
・「あれえ。」
・とんきょうなこえ
・じゃれあってなんかいるんですもの
・「まぬけ。」
・しめた

④板書

ろくべえまってろよ

・「クッキーをつれてくる。」
・ロープとかごをとりにいく。
・ろくべえを見ている
→やくわりぶんたん

かごとロープをむすぶのに、
とてもじかんがかかりました。

手がいたくなるほどギュッと

そろり、そろり。
そろり、そろり。
そろり、そろり。
ぐらっ。
「あっ。」
もうすこしで
おちそうでした。

「あれえ。」
とんきょうなこえ
じゃれあってなんかいるんですもの。
びっくり！
→クッキーが下りたから。

「まぬけ。」

またかんがえないと。

おこっている　むかついている

「あれえ。」

びっくり！
→さっきは下りたのに、ろくべえとクッキーがのったから

「しめた。」

くろうしてよかった。

これでたすけられる。

やった、いまだ。

○評価
落胆から一転、「わあっ」と喜んだときの子どもたちのようすを読むことができる。

◆第十一時【全文】

※前時の感想に、「助けられたのは、奇跡だ」と書いた児童がいた。助けられたのは、奇跡なのか。この物語では、「子どもたちが、いろいろなアイデアを出し合い、協力してろくべえを助けることができた」ということを読み取らせたい。そこで、まとめの活動『子どもたちに手紙を書く』前に、奇跡ということばの意味を教え、「ろくべえを助けられたのは、子どもたちがあきらめず、アイデアを出し合い、協力したからである」ということをおさえた。

○板書

ろくべえまってろよ

きせき　人のちえではかんがえられない
ふしぎなできごと

みんな
ひっしにがんばった
あきらめなかった　→やればできる
力を合わせた

○評価

ろくべえや子どもたち、おとなたちへ、それぞれに読み手としての感想を書くことができる。

六　本時（立ちどまり9）の授業記録

（Tは教師、その他のアルファベット表示は児童、全は複数児童）

【前時までの想起】

T　昨日の思い出しからいきましょう。立ちどまり7で「みんな」はいろんなことをやったね。（掲示物で確認しながら言う）

T　立ちどまり7では、だれが出てきたかな。

全　ゴルフクラブをもったひまそうな人にたのみました。

T　たのんだ。たのんだけど？

全　ただ言っただけで、行ってしまった。

T　そう。助けてくれなかったんだね。

T　次、立ちどまり8に行くよ。立ちどまり8の最初に、何と書いてありました。

全　「もうだれもあてにできません。」

T　ここでは、「みんなは、自分たちで助ける決意をする。」ってことになったたって読んだんだね。

T　そこで、「みんな」は、名案を思いついた。どんな名案だった。

全　「クッキーをかごの中に入れて、ロープで下ろす」

T　そうだね。みんなは、「やっといい作戦を思いついた。」「最後の作戦だ。」と言ってあげたんだね。

T　では、昨日の感想を発表してください。

○前時までの話をまとめたものを模造紙に書いて、教室の廊下側の壁に掲示しておいた。

○前時までどう読んできたかを全員で確認する。

B　元気づけるのはやめて、そのまま助けた。

B　子どもたちは、今までやってきたことをがんばってきたから、名案を思いついた。「子どもたちがんばれ。」って応援したい。

T　昨日、「今までやってきたことはむだだった」「いや、むだじゃない」って話し合いで出てきたね。そこから、感想につなげたんだね。

C　子どもたちは、それが失敗したら、どうしようもないって、子どもたちは思っている。

F　よかったね。これで、ろくべえが助けられるね。でもろくべえは、まだ穴の中にいる。

T　けど、まだろくべえは穴の中にいるんだよね。では、立ちどまり9にいきます。

【ひとり読み】

T　（ワークシート配布）たくさん書きこみをしましょう。時間は8分です。

【各自音読】

T　では、まず自分の読み方で読みましょう。

全　（個別音読）

【指名音読】

T　①と②に分けて読んでもらいます。

○書きこみの力が弱い子には、ひとり読みの間を活用して、対話する。人物のようすや気持ちを考える。本時のねらいに結びつく文から考えさせる。

○立って読む。読んだ子から座る。座ったら黙読しておく。

全　（二人が音読）
T　よかったところを発表してください。
O　「。」や「、」で、ちゃんと切って読んでいた。
B　「あぶない。」とか、会話文のところを、みすずちゃんたちになりきっていた。
T　気持ちが伝わってきたね。
J　はっきり言っていた。
T　そうだね。
R　「そろり、そろり。」のところで、「、」と「。」で、ちゃんと切っていた。
T　そこ大事だから、後で、みんなで読んでいこうね。
C　「そろり、そろり。」のところを、一生懸命読んでいた。
T　一生懸命なのが伝わってきたね。

【話し合い】

T　話し合いにいきます。今日も、①と②に分けていきます。まず、①「クッキーをつれてくる。」からいきましょう。
G　思ったことで、ロープを取りに帰らなくてもいいんじゃない？　用意しておけばよかった。
T　なるほど。
G　クッキーは、ろくべえが好き。

○指名音読のあとは、聞く意識をつけるために、読んだ人のいい読み方を認め合う時間を設けている。認めるポイントとしては、姿勢、声の大きさ、読み方を指導している。

I クッキーはろくべえと同じくらい小さい。
T クッキーは、小さい犬なんだね。
N わかったことで、みすずちゃんはクッキーを猛スピードで連れてきた。
T どこで、わかった？
N 「クッキーをつれてくる」
T 言いかたかな？　読んでみて。
N 「クッキーをつれてくる」
T 猛スピードだね。
B 「クッキーをつれてくる」
T スピード感あるね。
Q 「！」がついている感じがする。
T 「！」いいね。
C 「クッキーをつれてくる」
T いいね。クッキーをつれてくるのは、だれ？
全 みすずちゃん。
T 他の子は何してるの？
全 ロープとかごをもってくる。
T そうだね。①のところで、もっと出そう。
N みんなは、「早く」と思った。

↑少し強めな言い方で読む。

↑速く読む。

↑！がついたような大きな声で飛びだしそうな感じで読む。

T　早くか。いいね。

J　思ったことで、クッキーをつれてくるのに、どれくらいかかるの？

T　時間だね。

I　手が痛くなるほど、かごとロープを縛った。

T　手が痛くなるほど。いいね。

G　思ったことで、クッキーは赤ちゃん？

T　さっき、クッキーは小さいって出たね。

L　みんな、心配している。

B　気持ちで、もう助けられると思った。

T　もう、助けられる、大丈夫って思ったんだね。

S　クッキーを食べさせたら死んじゃう。

E　クッキーは、犬だよ。

B　おれも、それ間違った。

M　気持ちで、お菓子のクッキーだったら、やばい。

E　クッキーは、犬だよ。

T　クッキーは、犬だね

P　みんなは、ろくべえのことをずっと思っている。だから、「ダッシュで行くぞ」って感じ。

T　「ダッシュで行くぞ」か。なるほどね。

○「クッキー＝食べ物」論が前時に続いて出てきた。前時でのおさえが弱かった。ここがなければ、ロープとかごの準備に関する読みに関して、よりよい流れになっていた。

Q　ロープがちぎれたら、それでおしまい。
T　おしまいだよね。だから、手が痛くなるほど、結んだんだよね。
N　みすずちゃんは、クッキーは重たいから「おいしょ。」って言った。
I　ロープとかごを結ぶのに、一時間くらいかかった。
H　みんなは、ろくべえがガスを吸わないように、できるだけ早くやった。
T　できるだけ早く。いいことばだね。
C　えいじくんとみつおくんたちは、ロープをつかうのはいいけど、もしも切れたらどうするの？
E　みんなは、ろくべえのことをすっごく助けたい気持ちだし、クッキーがいるなら、助けられると思っている。みんなは、ろくべえを助けるために苦労したってこともわかります。
T　前のところとつながるね。名案だと思ったから、これでできると思った。やっぱり「みんな」は、ろくべえのことを思っているんだね。だから「できるだけ早く」「ダッシュで」が出てきたんだね。今のところで考えよう。最後に言ったこともう一度言ってくれる？
E　ろくべえを助けるために苦労した。
T　どこで、苦労がわかるかな。
E　かごとロープを結ぶところやかごを下ろすところ。
T　なるほど。「とても時間がかかりました」のところだね。

○読み手は、子どもたちに同化したり、異化したりしながら、名案クッキー作戦成功に向けて行動する子どもたちのようすを読み深めている。

←くり返しの確認

B　ロープとかごは、家で結んでくる方がいい。

T　家で結べばいい。という発言について、みんなはどう思う？

E　家の方が、時間がかかる。

A　おかあさんは手伝ってくれないし、他のみんなが心配する。

T　なるほど。

G　みんな行ったわけではない。

T　だれが行ったの？　行ってない人は何していたの？

P　ろくべえをじっと見ていた。「ろくべえがんばれ」って、はげましていた。

T　「クッキーをつれてくる人」「かごとロープを取りに行く人」「ろくべえを見ている人」がいたんだね。

A　しろうくんは、ろくべえを見ていた。かんちゃんは、ロープを結ぶ手伝いをしている。

T　書いていないことも言ってくれたね。

J　そっと、下に下ろしている。

T　今のところで、つなげよう。「そっと下ろしている。」文章だとこう書いてあるね。

R　「そろり、そろり」って、ゆっくりいっているんじゃない？

B　同じです。

T　②いってみよう。Rさんもう一度言って。

○五人の子どもたちは、「クッキーを連れてくる人」「かごとロープを取りに行く人」「ろくべえを見ている人」の三つの役割分担をしていると子どもたちは読んだ。

R 「そろり、そろり」って、クッキーがかごに入っているから、ゆっくり下ろしている。

T ゆっくり下ろしているんだ。

N 穴の中が深いから、「そろり、そろり」って、聞こえた。

Q 静かにやらないと、ろくべえが嬉しくなって、ロープが切れる。

T 静かに下ろすんだね。

E もうそろそろで、ろくべえがいるところまで辿り着くし、もうそろそろみんな嬉しくなる。「やっとつきました」のところでは、みんな「ラッキー」と思った。

T 「ラッキー」って表現したんだ。いいね。

C 助けるのはいいけど、もしもロープが切れて助けられなくなったら、どうするの？

T 昨日の感想でも書いている人いたね。Qくん、8の感想を読んで。予想したんだよね。

Q もしもクッキーがろくべえのところに落ちたら、クッキーも助けないといけなくなっちゃう。

T みんなが言っている「ロープが切れたら大変」というのは、Qくんが言ってくれた「クッキーも落ちちゃうよ」ってことだよね。

N 気持ちで、クッキーはかごの中で「何やるの？」って思った。

○全員が話し合いに参加するための私の方法

・自ら話し合いに参加することが困難な子どもは、前時の感想意見を話し合いの中で取り上げて、参加できるようにする。

T　クッキーがびっくりしたんだ。

N　「そろり、そろり」は、「そおっと、そおっと」

I　クッキーがもうちょっとで落ちそうになって、みすずちゃんは力を入れて、ロープをもった。

L　今、気づいたことで、かごに二匹も入れないいんじゃないかな？

T　予想だね。

N　もうおしまいかと思ってドキッとした。

T　ドキッ。いい表現だね。

G　思ったことで、クッキーが落ちたら、ろくべえが骨折する。

T　骨折したら、大変だね。

B　かごは大きいから、二匹乗れる。あと、予想で、次はもう落ちないように、ろくべえを上げたら、そこに×の目印をつけると思う。

T　話の続きの予想だね。

【部分表現読み】

T　今たくさん意見が出たね。じゃあ、②の文を隣の人と読み合ってみよう。自分はこう読む。という読み方で読もう。そして聞こう。

全　（ペアグループで読み合う。聞き合う。）

T　この子上手だったと思う人を推薦してください。

Iは、ロープを使ってかごを下ろす場面を、しっかり考えられ、表現読みもできた。

○登場人物に異化して、読む子どもが増えてきた。

《推薦された五人が読む》

T 先生から、推薦します。

（二人　表現読み）

T 上手だったね。Mさん、「やっとつきました」で書いたこと読んで。

M やっと着いてよかった。

T もう助かった？

全 まだ。

全 明日助かる。

【感想・意見出し】

T 「やっとつきました」のところでの、「みんな」の気持ちや「みんな」に言ってあげたいことを書こう。

（感想・意見を書く）

全 何人かに発表してもらおう。

T あー、あぶない。

U どうして、そう思った？

T ぐらってなったから。

U ぐらってなったからだね。「あー」がいいね。

T ろくべえを助けられてよかった。

S

○ペアグループで聞き合い、お互いの表現読みの良さを出し合う。

○推薦された五人と二人の読み

・「、」は一秒「。」は二秒の間を開ける。

・「あぶない。あぶない。」では、焦りの気もちを表現する。

・「やっと」で、安心したようすを表現する。

T　助けられてよかった？　もう助けた？
全　まだ助けてない。
T　まだだね。どうなるんだろうね。
C　もう大丈夫だよ。
T　予想だね。
C　みんな、「やっと助けられてよかった」と思っている。
T　「みんな」の気持ちだね。

【表現読み】

T　最後に、一人ひとり読んでみよう。学習して読み方が変わったと思うよ。
全　（各自、表現読み）
T　Uくん気持ち入っていたね。
B　「そろり、そろり」のところ、ゆっくり読んだよ。
T　上手に読めたね。では、明日が最後。ろくべえはいったいどうなるんだろう。無事に助かるかな。

七　授業を終えて

本時までに、読み手である子どもたちが、登場人物である子どもたちに同化して読み進めることができるようになっていました。本時では、前時までの同

〇子どもの中には、感想意見の中で、「まだ助けたわけじゃないから、油断しちゃだめだよ」と、登場人物に呼びかける子どもも出てきた。

Bは、学習したことを自分の力にしている。

化してきた力で、Iの「手が痛くなるほど、かごとロープを縛った」や、Eの「みんなは、ろくべえのことをすっごく助けたい気持ちだし、クッキーがいるなら、助けられると思っている。みんなは、ろくべえを助けるために苦労したってこともわかります」など、登場人物のろくべえを早く助けたいという気持ちのこもった行動を、各々のことばで表現することができていました。

途中、「クッキーは食べ物じゃない」という意見が出てきてしまったのは、前時でのおさえが甘かったという反省です。

学習のまとめとして、登場人物に手紙を書いた時には、ろくべえに「もう落ちないでね」と優しいことばがかけられていました。子どもたちには、「みんなで協力できてすごいね」「みんながあきらめなかったから、ろくべえは助かったんだよ」といった子どもたちの行動をほめたたえる声がかけられていました。読み手自身のこれからの学校生活、日常生活の手本になってほしいなと思いました。おとなたちに対しては、「あきらめないでよ」「おとなのくせに」などといった厳しい声がかけられていました。

一年間で子どもたちが、ことばに反応する力を身につけたこと、自分のことばで表現することができるようになったことが一番の成果です。

二章● 一年生の説明文の授業

一年生の説明文の読みの授業

山岡　寛樹

1　入門期を楽しく

早期教育が叫ばれる中で、子どもたちの多くがひらがなを読み・書ける状態で入学してきます。しかし、書く文字は自己流で間違ったものも多いのが現状です。入門期の基本は、正しい発音と表記のしかたを指導することにあります。

たとえば、子どもたちの目先を変え、円と十字の合わさった丸升ノートを使って指導するのも一つの方法です。その時に、口の開け方や舌の位置を考えさせ、構音指導をきちんとします。しっかりとした発音指導の後、その音を含むことば集めをします。多くの子に活動の場と発言経験をさせるのです。このことが、読みの授業の中での話し合いの活性化を促します。

それから、体全体を使った書き方の指導をします。書き順や止め払い・折れや曲がり、字形の整え方を指導します。その後、出されたことばを読みます。読みの練習です。「やさい」ということばが出た時には、具体的な野菜の例を出させて、具体化（下位概念）します。「うし」「うま」と出た時には、「まとめてなんと言いますか?」と聞いて上位概念を出させます。文字指導は、語彙指導と一体化しておこなうのです。

絵を見て話を作るとき、「文ちゃん人形」を使って、主部（主語のある部分・なにが）と述部（述語のある部分・どう）を教えます。「何が、どうする」「何が、どんなだ」「何が、何だ」の基本文型を意識させるのです。自由に発言させ、聞きながら「同じだ」「似てる」「どうして」等の反応を求めます。絵本の読み聞かせも、黙って聞かせません。その時に、思ったことや感じたことを言わせるのです。反応を引き出し、言語化することを重視します。

私は、後藤竜二の『1ねん1くみ』シリーズをよく使いました。いろいろな本の紹介をし、図書への関心を高めます。また、外に出て、植物や虫などをじっくり観察させます。子どもたちの「知りたがり屋」の性格を刺激して、広げるのです。こうした経験が、説明文を読む時に役立ちます。

2　一年生にとっての説明文学習の意義

文字を習い、文字が読めて書けるようになることで、子どもたちは自らの探求心を満たすことができるようになります。一年生の子どもは、いろいろなことに興味を持ち始めます。興味に添った新しい知識を説明文から得ることで、疑問が解けます。説明文の読みの過程で、新たな疑問が湧き上がってきます。そうした過程が説明文を読む楽しさでもあるのです。

自分の体験を思い出し、図や絵を見て感心し、以前読んだ本を思い出し、テレビで見たことを思い出し、書かれていることを具体化していく中で読みを深めていきます。自分の読みや思ったことを発表し合う中で、友だちの説明を聞いて納得したり、反発したりする話し合いを通して、新たな読みの視点を獲得していくのです。一読総合法のひとり読みと話し合いの大切さが発揮されます。

まず、文章にひとりで立ち向かわせましょう。それから話し合うのです。

『はなのあなのはなし』（絵本・やぎゅうげんいちろう）の授業の一場面です。

M「ぱかっとあけたり　ぺたっととじたりできる」のところに良いなと書きました。水が入んないし、むせちゃわないから。

(T…むせないって?.)

M　咳みたいの。プールの時に水が入ってね、咳とか出たの。

C　なったことある。洗面器で顔をばしゃっと洗った時に、水がね、鼻に入っちゃってね、咳いっぱいしたの。

I　学校でプールで、泳げなくて、潜った時に、むせちゃった。苦しかった。

と経験談が続き、アザラシとカバの鼻の穴が開いたり閉じたりすることの便利さについての認識が深まりました。話し合うことが、子どもの思考活動をを促します。

低学年の説明文では、「どうぶつの赤ちゃん」(光村図書)等のように生き物を扱ったものが多いです。ライオンとシマウマの成長の特徴を比較しながら読む説明文です。上巻の教科書には、絵や写真があって、問題提示の文があり、どんな動物がどんなことをするのかが説明されています。クイズを出して説明がされる形式です。発展に繋がる写真を使って説明文を作るという課題が続きます。

「くちばし」(光村図書)は「先が鋭く尖った嘴です。これは何の嘴でしょう」で始まるクイズ系です。最後に七種類の鳥の写真があります。

「しっぽしっぽ」(三省堂)は、「くるりと巻いた尻尾。これは、何の尻尾でしょう」で始まるクイズ系です。最後に三種類の動物の写真があり、「この尻尾は、どんな役目をしているのでしょう」で終わっています。

「いきもののあし」（学校図書）は、「これは、何の足でしょう」で始まるクイズ系です。「どうやって　みをまもるのかな」（東京書籍）は、「動物は、いろいろなやり方で、敵から身を守っています」と結論から入り、「どのようにして身を守るのでしょう」という課題文を出して説明しています。

「だれが、たべたのでしょう」（教育出版）は、「穴の開いたクルミの殻が落ちています。だれが、クルミを食べたのでしょう」で始まり、「山や森では、いろいろな食べあとが見つかります。食べあとをよく見ると、どんな動物がくらしているかがわかります」と自然観察の方法を述べ、子どもたちに自然の見方を教えて終わっています。

その他、自動車や船舶の用途と作りの関係を説明するものがあります。「歯がぬけたらどうするの」（東京書籍）は、韓国・中国・イギリス・メキシコ・レバノン・ボツワナ・リビアでのぬけた歯の扱いを説明しています。文化を扱う説明文として異色です。三月前には「ひなまつり」（旧日本書籍）の授業をすることを勧めます。ひなまつりに関する人々の願いについて知ることができます。動物や乗り物のことでない社会や文化について考えさせることも大切です。

一年生の子どもたちに、説明文を読むことを通して

①書かれていることに関連する自分の経験を思い出し、友だちの経験を聞き、説明文を具体化しながら読むこと

②さし絵・図・写真と文章を関係づけて読むこと

③何について、どう書かれているかを意識しながら読むこと

を身につけさせたいものです。

3　話し合いを通して読み方を広げる

一読総合法の授業は、ひとり読みと話し合いで成り立ちます。先を知らないので、多様な意見や考えが出てきます。ことばや書かれている対象についてばらばらに出てきます。教師は、子どもたちの発言を励まし、文章とつなげながら子どもたちの発言を位置づけていきます。整理は教師の主な仕事です。何について書かれていたのか確認し、どう書かれていたのかを子どもに返しながら整理していきます。

読みの基本であるひとり読みを重視します。書きこみを積極的にやらせましょう。書きこみがあることで子どもたちは安心して発表ができます。他の子の読みとの違いにも敏感になります。書きこみを元にたくさん発表させましょう。それを模造紙の本文に書きます。個々の子の名前がわかるようにしておくと意欲が高まります。先生に認められたという意識が、次の豊かな発言につながります。友だちの発言もしっかり聞くようになります。友だちの発言から、新たな読みの切り口を獲得していきます。だんだんとひとり読みの記号を増やすことで、学級としての読みの切り口が増していきます。

初めは、「㋻かったこと」「㋔もったこと」「㋛っていること」「?(たぶんこうだとおもう)」などから始めます。「㋕きてさん」「㋒かんだことば」「㋮とめ」なども意識させていきます。「㋵うす」「㋖もち」なども必要に応じて使います。記号はあくまでも読みの窓口です。自由に読ませることで、話し合いを多様なものにします。

「しっぽ　しっぽ」

ほり　ひろし／作（三省堂）

野口静子

一　題材について

1　くもざるのしっぽは「五本目の手足」

くもざるは霊長目オマキザル科に属す哺乳類です。中南米のアマゾン川流域の森林に生息しています。体長が約五〇センチに対して尾長は六〇センチから九〇センチもあります。体以上に尾が長いのです。体はほっそりとしていて、細長い四肢と力の強い長い尾を巻きつけて枝から枝へ渡る姿がクモのように見えることから、この名前がつきました。従って、またの名前をスパイダーモンキーとも呼びます。

くもざるには前肢の親指がないか、あっても退化していて痕跡程度です。四本指なのに、木渡りがじょうずなのは、やはり尾に特徴があるからです。尾の先端の裏側には毛がなく、人間の指にある指紋のようなもの（尾紋）がありま す。だから、しっかりと枝に巻きつくことができるのです。ものに巻きつけるほかに、ものをつまみ上げることもできて、きわめて巧みにしっぽを動かすことができます。しっぽがこのように発達したのは、樹上生活に適応するためで、

○筆者は、ほりひろし氏。一九四一年大阪府豊中市生まれ。アジア産野生生物研究センター（ＡＷＲＣ）所長、那須ワールドモンキーパーク園長、麻布大学、北里大学非常勤講師。日本テレビ「天才！志村どうぶつ園」や動物絵本、学習雑誌の監修なども務めている。本作品は、教科書のための書き下ろし。

くもざるの尾は五番目の手足ともいわれています。くもざるが主食としているものは、主に果実や木の葉、木の実などです。細かい動きをしなくても葉や実をつかめるので、手の親指は退化しました。性質は穏やかで好奇心も強く、動物園では人気者です。知能もかなり高く、チンパンジーやオランウータン、ゴリラに次ぐ知能を持っているといわれています。しかし、近年の森林地帯の開発や破壊などによって、くもざるの仲間は減少しています。

2　きつねのしっぽはふわふわであったかい

　きつねは、イヌ科の哺乳類で民話などにも登場し、子どもたちにも馴染みの深い動物です。アカギツネはキツネの中では最も普通に見られ、ユーラシア大陸のほぼ全域と北アメリカに広く分布しています。日本に分布しているホンドギツネやキタキツネなどもアカギツネの一種で、一般に「きつね」と呼ばれています。森林や草原だけでなく、人家の周辺にも現れます。体長は約七〇センチ、尾長は約四〇センチあります。

　きつねのしっぽは太くて長いのが特徴です。冬になると、さらにふわふわに膨らみます。これは、毛と毛の間に空気の層ができて断熱の役割をするためです。このふわふわのしっぽを体に巻きつけて寝ることによって、体を保温することができます。また、鼻周りを覆って冷たい空気を吸わないようにする効果もあります。毛布だけでなくマフラーのような役割をしていることになります。

　本題材には記述されていないのですが、きつねのしっぽにはもう一つの、だ

○「ごんぎつね」「花いっぱいになあれ」「黄色いばけつ」など、教科書にも数多くきつねが登場する作品が掲載されている。

いじなはたらきがあります。それは、走っていて急ターンするときのバランスをとるというはたらきです。きつねは嗅覚や聴覚が鋭いばかりでなく、走るときも時速五〇キロ程度で走ることができます。時には時速七〇キロで走ることもあります。速く走っていて急に向きを変えるとき、この太いしっぽは大変役に立つということになります。

3　ももんがはハンカチのように飛ぶ

ももんがはムササビと同じリス科の哺乳類です。ユーラシアから日本に分布しています。日本には北海道にエゾモモンガ、本州・九州にニホンモモンガがいます。体長は十四センチから二〇センチで尾長は十センチから十四センチです。ムササビが小さな猫程度に対して、ももんがは手の平サイズです。ももんがは夜行性で、森林の樹上に棲み、果実や木の芽などを食べます。

滑空時をものにたとえると、ムササビは空飛ぶ座布団、ももんがは空飛ぶハンカチです。滑空の距離はムササビが一〇〇メートル程度も飛ぶのに対して、ももんがは通常二〇メートルから三〇メートルくらいしか飛びません。後肢から尾にかけての皮膜を使って木から木へ滑空します。

尾はムササビが円錐形なのに対して、ももんがは扁平形です。この扁平な尾は、飛ぶときにつりあいをとるはたらきをし、飛行機の翼に似た役目をしています。飛行機の滑空とももんがの滑空のようすを写真で見比べると、しっぽは尾翼と同じところに位置しています。飛行機には尾翼がないと墜落するおそれ

○似ている動物としてムササビがいる。二つの生態を調べることによって、ももんがの生態をよりはっきりと知ることができる。

○飛行機の尾翼には、垂直尾翼と水平尾翼があり、それぞれ大変重要なはたらきをしている。

垂直尾翼は、飛行機の機首が左右に向いてしまった時に、元に戻そうとするはたらきをする。

があるそうです。従って、ももんがの場合も軽い体でハンカチのように滑空するためには、扁平なしっぽがだいじな役目をしていることがわかります。

4 カンガルー・ビーバー・牛のしっぽ

最後に、写真教材として、三つの動物が掲載されています。

初めは、けんかをするオオカンガルーです。カンガルーは自分の雌を守るために、周囲から近づく別の雄を攻撃します。そのとき、上半身を大きく見せるためにポンピングというジャンプをおこないます。それでも勝負がつかない場合は、雌を争って雄同士が殴り合いになります。いわゆるカンガルーのボクシングです。ボクシングといっても、蹴りも使います。しっぽで体を支えた両足での前蹴りは、人間ならば内臓が破裂しかねない程の破壊力を持ちます。このとき、カンガルーのしっぽは、体を支えるつっかえ棒のはたらきをしているのです。またジャンプして走るときには、体のバランスをとるために使っています。

二つ目の動物はビーバーです。平たくて大きなビーバーのしっぽは、泳ぐときに舵の役割をしています。またオールのようなしっぽを上下に動かすことで推進力を得て、すいすいと泳ぐことができます。

そして最後は牛です。ホルスタインがしっぽを振っている写真を提示しています。牛のしっぽはハエやアブや蚊を追い払うのになくてはならないものです。そのはたらきをするためには細くしまった長い尾がよく、肩辺りまで振り回し

○水平尾翼は、機体の前後のバランスが崩れ、機首が上下に向いてしまった時に、それを元に戻そうとするはたらきをする。つまり、どちらの尾翼も飛行機の姿勢を安定させるという大切な役目をしている。

て外敵を追い払う牛もいます。また尾の先はふさふさしている方が役立ちます。鉄骨柵の牛舎では尾房がすり切れて短くなるケースもあります。そのような牛は、害虫を追い回すのに苦慮しており、頭部を振りかざして追い払うことになります。保身のために尾は重要な役割をしているというわけです。言いかえると、牛にとって尾は、人の手のような役目をしているのです。

二　教師の読み

1　文章分析と文章構成

この教材は、一年生の子どもたちにとっては初めての説明文で、動物のしっぽについて、簡単な文章とさし絵を用いて述べています。動物に関する説明文は他社の教科書にも多く取り上げられ、「鳥のくちばし」や「動物の赤ちゃん」について説明しているものもあります。動物に関する題材は、子どもたちが興味深く読んでいけるものだと思います。

本教材では、くもざる、きつね、ももんがの三種類の動物のしっぽについて述べています。それぞれ、しっぽの形態→問いかけ→答え→使い方→他のものに例えた役目という五つの文で構成されています。

最初の文ではしっぽの形態を「○○なしっぽ」と体言止めで表現しています。簡潔で歯切れのよい印象を受けます。一年生には「これは、くるっとまいたしっぽです」の「これは」と「です」が省略されていることを押さえる必要があり

○本市で使用している光村図書の教科書にはほかの説明文として「くちばし」「どうぶつの赤ちゃん」が掲載されている。

○一年生の児童には、名詞は「名前ことば」、動詞は「うごきことば」、形容詞は「ようすことば」という名称で教えている。

ます。一年生にとっては初めての体言止めの文だからです。そして、「これは、なんのしっぽでしょう」と問いかけます。しっぽの特徴をさらに説明する手立てとして、しっぽの部分絵を提示しています。一ページを使って精細に描かれたしっぽの絵は、子どもたちに強い印象を与えます。自分の答えを予想しながらページをめくると、答えの文と全体絵が出てきます。読み手である子どもたちは驚きと感動でさし絵や文に向き合うことでしょう。

しかしながら、あくまでも絵ですから、しっぽの実態をありのままに受け止めるには少し無理があるようにも思われます。これが、本物の写真だったら読み手はもっと感動し、その動物を身近に感じることができるでしょう。絵としての資料は文章に合わせて描けるという利点はあると思いますが、写真の方が真実味があり、読み手の心に迫ることはいうまでもないでしょう。後に出てくるカンガルーやビーバー、牛は写真を載せているので大変効果的です。

答えの文の次に、どのようにしっぽを使うのか説明があります。これもたった一文ですので、子どもたちには疑問がたくさん出るところだと思われます。くもざるは木にぶらさがって何をしているのか、枝がしなっていないのでくもざるの体重は相当軽いのか、きつねのしっぽはどのくらい長いのか、ももんがはどのくらい飛ぶのかなど知りたいことがふくらんでくるところです。

説明文の学習において、「問いかけ→答え」という構成をとらえて型通りに読むだけでなく、もっと知りたいという欲求を満たすために、しっぽのはたら

○問いかけは、質問の文、問題の文と言ってもいいことをおさえる。

きに付随することをもう少し記述してもいいのかなと思います。

最後に、しっぽの役目を他のものにたとえて、さらにはたらきを具体化して理解を深める文があります。くもざるのしっぽは「てににたやくめ」、きつねのしっぽは「もうふににたやくめ」、ももんがのしっぽは「ひこうきのつばさににたやくめ」です。体の部位、寝具、乗り物の部分というように、三者それぞれ違う種類のものでたとえられています。子どもたちは、手や毛布は知っているので理解できますが、飛行機の翼はどういうはたらきがあるのかを知らないと関連づけがむずかしいと思われます。授業の中で補足していく必要があると思います。

本教材は、三つの動物のしっぽについて、同じ文型を用いて書いている説明文です。入門期としての一年生が、説明文の文型を押さえて読むにはふさわしい教材だと思います。文章構成を表にまとめてみます。（○数字は形式段落）

	形態	問い	答え
くもざる	①くるっとまいたしっぽ	②これは、なんのしっぽでしょう。	③これは、くもざるのしっぽです
きつね	⑥ふさふさしたしっぽ	⑦これは、なんのしっぽでしょう。	⑧これは、きつねのしっぽです
ももんが	⑪ひらいたしっぽ	⑫これは、なんのしっぽでしょう。	⑬これはももんがのしっぽです

○本教材の文は全部で十五文しかない。このような表にすると、文章分析をする場合にわかりやすい。
○くもざるのしっぽは、「くるっとまいた」からまきつける動きにつながる。
○きつねのしっぽは、「ふさふさ」からあたたかさにつながる。

使い方	役目
④くもざるは、くるっとまいたしっぽを、きにまきつけてぶらさがります。	⑤このとき くもざるのしっぽは、てににたやくめをしています。
⑨きつねは、ふさふさしたしっぽを、からだにまきつけてねむります。	⑩このとき、きつねのしっぽは、もうふににたやくめをしています。
⑭ももんがは、ひらたいしっぽをひろげ、からだのつりあいをとりながらとびます。	⑮このとき、ももんがのしっぽは、ひこうきのつばさににたやくめをしています。

2 表現の特徴

ア 問題提示と答え

・くるっとまいたしっぽ。これは、なんのしっぽでしょう。

・これは、くもざるのしっぽです。

筆者は説明文に使われている「問い」と「答え」の関係を理解させるために、しっぽの形態を提示して、ずばりと問いかけています。予想を出させて次の読みへつなげていきます。

イ 部分の絵と全体の絵

・しっぽの部分の絵

・しっぽを使っている全体の絵

問題提示の場面に一ページを使って、しっぽだけの絵を載せています。写

○ももんがのしっぽは、「ひらたい」からつばさにつながる。

○「くるっとまいたしっぽは、なんのしっぽでしょう」と一つの文になる。「くるっとまいたしっぽは、くもざるのしっぽです」

○さし絵は拡大して、板書するときに黒板に貼って使う。

真ではなく絵ですが、動きがあり精密に描かれています。
・ページをめくると、答えと説明があり、動物全体の絵が描かれています。しっぽの役目を文章と絵を対応させながら、理解していくことができます。

ウ　規則的な文の叙述
・くもざる、きつね、ももんがのしっぽについて、「形態」「問い」「答え」「使い方」（指示語）「役目（似ているものに例えて）」の順序で書いています。規則的に反復されているので児童が自分で学んでいくことができます。
・文型も同じ表現でくり返されているので、自分の好きな動物のしっぽについて説明文を書くときに、文型にあてはめながら書くことができます。

エ　たとえの工夫
・てににたやくめ
・もうふににたやくめ
・ひこうきのつばさににたやくめ
動物のしっぽの働きを「〜ににたやくめ」という言い方で表現し、具体的にとらえさせています。

オ　指示語
・「これは」
・「このとき」

カ　複合動詞

○入門期の説明文として「問い」と「答え」という文章構成のひな型が優先され、しっぽの説明が少し足りなくなった傾向がある。

○「似ているもの」を「たとえている」ととらえた。くもざるはしっぽを手のように使い、きつねはしっぽを毛布のように使い、ももんがはしっぽを飛行機の翼のように使うという押さえ方。

○指示語は文中に合うかたちで言い換えをさせる。「これ（くるっとまいたしっぽ）は、な

・「まきつける」
・「ぶらさがる」
「まく＋つける」のようにたしざんことばとして理解させます。「まく」より強調されることに気づかせます。

キ　体言止めの表現
・「くるっとまいたしっぽ」
・「ふさふさしたしっぽ」
・「ひらたいしっぽ」
それぞれの動物のしっぽの導入の文です。「くるっとまいた」「ふさふさした」「ひらたい」は「しっぽ」をくわしくしていること、「名前ことば」で止まっていること、「です」がかくれていることを理解させます。

ク　難解語句の理解
・まきつける　・ぶらさがる　・やくめ　・ふさふさ　・ひらたい
・つりあい　・つばさ
語句の意味を理解させ、語彙数を増やしていくことが、児童の思考力や表現力を育て、書く活動につながっていきます。

三　教材化にあたって

1　説明文の文型を理解させる

んのしっぽでしょう」指している文やことばを見つけさせることは、日常的に指導していくとよい。
○たしざんことばを教えた後、自分で考えたことばのたしざんの問題を出させると盛り上がる。
(例)
問「はしる＋まわるは、なんでしょう。」
答「走り回るです。」
○複合動詞は説明文だけでなく物語にもたくさん出てくる。一度指導しておくと、自分たちで見つけられるようになり、ことばに敏感になる。

本教材は、これまで動物に興味を持ち、いろいろな動物を知っていた児童が、「これは、なんのしっぽでしょう」という問いかけを意識して、それに対する答えを見出すことの学びの楽しさを知る教材です。問いに対する子どもたちの反応を大切にし、自分の予想を考えさせたいと思います。そして、「これは、〜です」という答え方を確実に定着させたいと思います。

2　絵を活用しながら内容を読み取らせる

絵と文を対応させながら、まずは書かれている文章に注目させ、その内容を正しく読み取らせます。そのためには、くもざるのしっぽがくるっとまいているようす、そのしっぽを木にまきつけてぶらがっているようすなど、絵の中の注目すべきことを話し合いの中でおさえます。そして手に似た役目をしているという文章に立ち返り、正確に理解させます。

その上で、さらに気づいたことを見つけさせ、発表させていきます。くもざるのしっぽの先に毛がないこととそのわけ、しっぽが体以上に長いこと、木の枝にしっかりとしっぽを巻き付けて落ちないようにしていること、くもざるは木にぶらさがって何をしているのかなど、文と絵の細部に着目し発見や疑問をだいじにしながら読ませたいと思います。

そして、それぞれのしっぽが形によって使い方が異なり、役目がいろいろとあるのだと気づかせたいと思います。しっぽの形と使い方を関連づけて読むことは、動物にはふさわしいしっぽがあるという気づきを引き出していくと考え

○問いかけの文は、算数の学習で何度も触れているので、「質問している文」「問題を出している文」であることに、子どもの方から気づく。

○さし絵は読み取りを手助けしてくれる。文字や文に抵抗がある子はいても、絵に抵抗のある子はいない。特に本教材では文が少ないので、絵から気づくことがたくさんある。一年生の児童は、何か発見しようという信念を持って、細部にわたってくまなく絵を見る。

ます。

3　比べて読むことの基礎を養う

三つの動物のしっぽを学んだあと、それぞれのしっぽの形態、使い方、役目の観点からまとめ、比較するという学習活動を組み入れます。比較することにより、それぞれの動物が生きていくためにふさわしいしっぽを持っているという生態に気づかせていきたいと思います。

4　話し合いながら読みを深める学習集団を育てる

一年生の場合は、発問に対して、どのように答えたらいいのかわからないとか、自分が発表したらそれで満足してしまうという児童が多いです。このような児童たちに、友だちの発表を聞くことがとても楽しいことや、友だちの考えと自分の考えには類似点や違いがあることをわからせることが大切です。児童同士の話し合いで授業が進み、読みが深まっていくような教師の発問や場の工夫をして、学習集団を高めていきます。

四　全体の指導計画

1　指導目標

①動物のしっぽの種類やそのはたらきに興味を持ち、内容の大体を理解する。
②問題提示や答えの文に気づき、事柄の順序を考えながら、動物のしっぽの働きを読み取る。

○比較読みや批判読みにつながるだいじな学習。この発達段階では、三つの動物のしっぽの違いがわかればよい。
○形の違い、使い方の違い、役目の違いをまとめることによって、内容が整理され理解が図れる。
○学習集団を育て、高めていくことは、一読総合法の大きなねらい。一人ひとりの考えや発言がだいじにされる学級作りをめざしている。

③文の中における主語と述語の関係を理解する。
④友だちの発表を聞いたり、自分の考えを発表したりすることができる。

2　指導計画（8時間扱い）

◆第一時（題名読み）

・題名から、思ったことや想像したことを発表し合う
・動物のしっぽについて、知っていることを発表する
・学習のしかたを確認する

◆第二時（①くるっとまいた～⑤やくめをしています）

①くもざるのしっぽの形態をとらえる
「くるっと」「まく」の意味の理解
体言止めの表現
②問題提示の文
「これは、なんのしっぽでしょう」の表現
「これは」の指示語
絵から見つけたことを発表する
問いかけに対する自分の予想
③答えの文
「これは、～のしっぽです」の表現
予想との関連

○題名についてくわしく考えることによって、これから読んでいく教材に期待させる。子どもの中には、この題名から「昔は人間にしっぽがあって今はなくなった話」と書いた子もいた。「しっぽ」を二回重ねているので、ストーリー性がある題名。

○①～⑮は文の段落番号

○第二時は、書きこみのしかたやまとめ方について、説明しながら進めていく。この時間をていねいに扱うことで、学び方の定着が図られる。二学期には長文をひとり読みしていくので、一学期の学習はていねいに進める。

くもざるのことで知っていること
④しっぽの使い方
「まきつける」→「まく」＋「つける」の複合動詞と意味
くもざるのしっぽの特徴を読み取る。
絵からわかることや疑問
⑤似ているもののたとえ
「やくめ」の意味
「てにたやくめ」の分析読み
くもざるのしっぽについての感想
◆第三時（⑥ふさふさした〜⑩やくめをしています。）
⑥きつねのしっぽの形態をとらえる
体言止めの表現
「ふさふさ」から思うイメージ
⑦問題提示と自分の予想
⑧答えの文
きつねのことで知っていること
⑨しっぽの使い方
くもざるの「まきつける」との使い方の違い
きつねのしっぽの特徴を読み取る。

○授業の流れをカードにして黒板にはっておくと、次の活動がわかってスムーズに進められる。子どもが自ら学習する姿勢を育てるのに、欠かせない手立て。

○授業に入る前に、教材プリント（カラーコピー）、ワークシート、拡大さし絵などの資料を取りそろえておくことが必要。

絵からわかることや疑問
⑩似ているもののたとえ
もの（毛布）への例え
きつねのしっぽについての感想
◆第四時 （⑪ひらたいしっぽ。～⑮やくめをしています）
⑪ももんがのしっぽの形態をとらえる
⑫問題提示の文→自分の予想
「ひらたい」の意味理解
⑬答えの文→これは～です
ももんがのことで知っていること
⑭しっぽの使い方
「つりあい」の意味
ももんがの飛び方
⑮似ているもののたとえ
乗り物（飛行機の翼）へのたとえ
ももんがのしっぽについての感想
◆第五時 くもざる、きつね、ももんがのしっぽについて、形・使い方・役目の違いをまとめる。
◆第六・七時 他の動物のしっぽの特徴を説明する文を書く。

○時間が進んでくると、子どもたちがこの学習方法に慣れてきて、読んだり書いたりすることがひとりでできるようにくる。つまり、学習の方法や考える方向が、子どもの中に根づく。
○文字の苦手な児童は、平仮名一覧表を手元に置いて、一つずつ確認しながら自分の思いを書く。平仮名一覧表は五十音だけでなく濁音や半濁音、そして拗音も入れて作成している。
○感想を書く活動を第八時にしたのは、その他の動物に手紙を書く子もいるのではないかという配慮から。

◆第八時　くもざる、きつね、ももんがのしっぽの感想（手紙）を書く。

五　授業の実際

◆第一時（題名読み）

①教師の読み

本市では光村図書の教科書を使用しています。六月に初めての説明文「くちばし」を学習し、鳥のくちばしはいろいろな形があっておもしろいことや、くちばしはその鳥に合っていて使いやすいようになっていることを楽しく読み進めました。そして、問いかけ、答えという説明文の型を理解しました。その後に動物のお話をもう一つ読もうと「しっぽしっぽ」を学習することにしました。

題名が「しっぽしっぽ」と、しっぽが二回くり返されています。「くちばし」を二回くり返すと違和感があります。しかし、しっぽは二回くり返すと調子がよくリズム感があります。しっぽがたくさん出てきそうな期待が持てる題名だと思います。

子どもたちの中には家庭で犬や猫を飼っている子がいます。また幼稚園や保育園でうさぎと触れあったことがある子もいます。しっぽを振ってなついてきたり、しっぽを逆立てて構えたりしているところを目にしている子もいます。このように、身近な動物のしっぽはよく見ています。

この説明文を通して、今まで知らなかった動物のしっぽについて、形態と使

○「しっぽしっぽ」は「くちばし」の発展教材として扱った。

◆児童の書きこみから

○どんなお話だと思いますか？

・しっぽのあるどうぶつがいっぱいでそう。
・むかしのにんげんがでてくる。
・おさるがでてきそう。
・さるやねこのしっぽ。
・しっぽのしゅるいがいっぱいでる。

い方を関連づけて読むことにより、新しい知識を得る喜びを味わうことができます。そのために、文と絵を対応させながら書いたり考えたり発表したりして、学習を進めていきたいと思います。

②目標

・しっぽについて知っていることを発表したり聞いたりすることができる。

・題名について考え、どんなお話か興味を持ち、読みの構えを持つことができる。

③展開

学習活動	教師のはたらきかけ・指示	読み取らせたい内容	おさえる表現
1題名読み	・題名を読んでどんな内容だと思うか書きましょう。	・しっぽについての説明	「しっぽしっぽ」
2知っていること	・動物のしっぽについて、知っていることを書きましょう。	・身近な動物のしっぽ	
3学習のしかた	・「しっぽしっぽ」の学習のしかたをたしかめましょう。	・一読総合法による学習のしかた	次のようなことを確認します。 ・ことばや文、絵からわかったことや思ったこと、見つけたことを、まず、自分で書く。これを「ひとり読み」という。 ・書いたことを発表して、みんなで話し合っていくこと。自分ひとりで、いろいろお話を読む力をつけようと意欲づけをします。

○しっぽのことで知っていることを書きましょう。

・ねこのしっぽはながい。
・うさぎのしっぽはまるい。
・しっぽはいろいろある。
・ちーたーのしっぽはながい。
・ぞうのしっぽはながい。
・いぬはうれしいときしっぽをふるよ。
・ねこのしっぽがたっていてすごかった。
・ぱんだのしっぽはしろい。
・いぬはげんきだとしっぽをふるんだ。
・ねこのしっぽがぴんとのびていた。ねこのしっぽがまるくなっていた。

◆第二時（①〜⑤文）

①教師の読み

一つ目はくもざるのしっぽです。まずしっぽの形態について書いています。「くるっとまいたしっぽ」という体言止めの文で始まります。主語（あたま）＋述語（からだ）の文をようやく学習したばかりの一年生には、文末の「です」が省略されているので、「名前ことば」で終わる文もあることを理解させたいと思います。くもざるのしっぽの先は、いつも巻いている状態だということでしょうか。読者にはしっぽの長さも気になるところです。なぜなら尾の長さが六〇センチから九〇センチもあるからです。いずれにせよ、このくるっと巻いた長いしっぽの絵を見て、何のしっぽだろうと想像をふくらませてページをめくるでしょう。すると、さらにインパクトのある、枝にぶら下がっているくもざるの絵があります。そのしっぽに子どもたちは大きな驚きを覚えると思います。しかも全身をこの細長いしっぽだけで支えていることにはびっくりします。この絵から、しっぽの長さだけでなく、しっぽの強さや丈夫さも想像できます。また、手足も相当長いことがわかりますが、しっぽはそれ以上に長くて驚きます。ぶら下がっている枝はかなり細いのにしなっていません。そのことから、くもざるの体は軽いのかなと想像できます。調べてみると、体重は五キロから六キロだそうです。

そして、本文を読むと「これは、くもざるのしっぽです。」という問いかけ

○しっぽをまきつけてぶらさがるくもざる

に対応した答えの文があります。これは一年生の児童にも理解できる簡潔な文です。わずか三文の説明の中に、「これは」「このとき」という二つの指示語が出てきます。この時期の一年生にはややむずかしい使い方だと思われます。特に、初めの「これは」は前ページにある「くるっとまいたしっぽ。」という最初の文を指しているからです。

答えの文を読んで、さて、一般にいわれている「さる」と「くもざる」はどう違うのかという疑問に突き当たります。一般には「さる」は「ニホンザル」を指しています。ニホンザルは尾が短いので木にぶら下がることはできません。長い尾でぶら下がるのは「くもざる」の生態ということになります。

しっぽを巻き付けて枝に座っているところや、しっぽと手足の両方でぶら下がっている写真はあります。教材には写真がほしいと前述しましたが、この説明文に合うような、しっぽだけでぶら下がっている写真を入手するのは困難だったと思われます。筆者のほりひろしさんは、那須ワールドモンキーパークの園長ですから、しっぽだけでぶら下がる光景をよく見ていたのかも知れません。

しっぽの使い方を説明している文は「くもざるは、くるっとまいたしっぽを、きにまきつけてぶらさがります。」の一文です。「まいた（まく）」と「まきつけて（まきつける）」という同じ意味合いのことばが出てきます。「まく」は一つのことば、「まきつける」は「まく＋つける」という複合動詞を理解させる

◆児童の書きこみから

〇①②の文と絵から、思ったことやわかったこと、見つけたことを書きましょう。

・ねこのしっぽ。けがふさふさ。くるっとまいておもしろい。いろもおもしろい。

・しっぽがまるまってる。すごくしっぽがながい。さるのしっぽみたい。しっぽにけがはえてる。さきがまるまってる。

・さるのしっぽだとおもう。ながいしっぽ。

・きょうりゅうのしっぽだとおもう。

・「くちばし」と「しっぽしっぽ」でにているぶんがある。これはいぬのしっぽだとおもいます。さきがくるりとまいていて、そのしっぽのさきがふわふわでなさそう。さいしょがふとくて、さきがほそい。

それで、「これは、なんのしっ

ことができます。一年生には「たしざんことば」という言い方で教えると、自分でたしざんことばをたくさん見つけることができます。どうしてこのしっぽは枝にまきついてほどけないのか不思議に思います。密着度や強さは想像以上のものがあるでしょう。密着するためにしっぽの先、枝に巻きつける部分には毛がないのです。毛があったらすき間ができてほどけてしまうでしょう。その説明は本文にはありません。ただ初めの絵から発見する子はいると思います。

読み手である子どもの興味は、くもざるは何をしているのかという行動の目的にいくでしょう。絵を見てもぶら下がって何をしているのかはわかりません。果物でも持っていれば、ぶら下がってえさを食べるのだろうとわかりますが、この絵だけではわかりません。話し合いで意見が出ても想像するしかなくて、さらにくもざるのことを調べようという意欲につながります。

最後の文で、「てにたやくめをしている」と、しっぽのはたらきを別のものにたとえています。しっぽも手も体の部位なので、ここの理解はしやすいと思います。しっぽが手のように使われていることを、どの子も理解するでしょう。

そして、この説明文の書き方である「形態→問いかけ→答え→使い方→似ている役目」という型を学習させたいと思います。これから学年が進むに連れてたくさんの説明文を読むとき、型の一つとして活用することになります。

ぽでしょう」がしつもんのぶん。

○最後の書きこみは、しっぽの先には毛がないことや細くなっていることをきちんと見つけている。しっぽが枝に巻き付きやすいための条件を絵からとらえることができている。また、「くちばし」の学習で学んだ問いかけの文に自分で気づくことができている。

②目標

・くもざるのしっぽの形態やはたらきを読む。
・くもざるのしっぽの説明のしかたを理解する。

③展開

学習活動	教師のはたらきかけ・指示	読み取らせたい内容	おさえる表現
1各自音読	・①②の文を読みましょう。		
2難解語句	・難しいことばを出しましょう。		・くるっと ・まいた
3ひとり読み	・わかったことや見つけたことを書きましょう。		
4話し合い ①②文で 絵で	・何の動物のしっぽか予想しましょう。 ・わかったことや見つけたことを発表しましょう。	・問いかけの文 ・体言止めの文 ・しっぽの形態	・これは、なんのしっぽでしょう。 ・くるっとまいたしっぽ。
5各自音読	・③④⑤の文を読みましょう。		・くもざる
6難解語句	・難しいことばを出しましょう。		・まきつけて ・ぶらさがる

○③④⑤の文と絵から、思ったことやわかったこと、見つけたことを書きましょう。

・くもざるのしっぽだった。くもざるはしっぽをこんなつかいかたをするんだ。ちょっとおかしかった。（さると予想）

・くもざるはきにしっぽをまきつける。くもざるはすごくかっこいい。くもざるはきにくらしているんだね。くもざるってくもみたいだからくもざるっていうんだね。

・くもざるはしっぽをきにまきつけておちないようにぶらさがっています。しっぽがながくてすごいです。

・これはくもざるのしっぽだった。いつまでもずっとぶらさがってるのかな。たのしいのかな。

・これはくもざるのしっぽだったな。くもざるはきにまきつくんだな。くもざるはきにぶ

7ひとり読み	・わかったことや見つけたことを書きましょう。	・答えの文 ・複合動詞	・やくめ
8話し合い ③④⑤文で 絵で	・わかったことや見つけたことを発表しましょう。	・しっぽの使い方 ・指示語 ・似た役目	・これは、くもざるのしっぽです。
まとめ	・今日学んだことを書きましょう。		

④板書例

しっぽ　しっぽ

むずかしいことば

くるっと　まいた

やくめ　まきつける

ひとりよみ（かきこみ）

くもざるの　しっぽ

ながい　しっぽ　あし

やくだつしっぽ

しっぽにちからがある

からだはかるい

（さし絵）
しっぽの部分絵

らさがるんだな。

・くもざるっていうさるなんてきいたことないからびっくりした。きにぶらさがってこわくないのかな。びっくり。

・いぬがあたらなかった。くもざるのしっぽってそんなながいんだ。あしもながいんだ。

○学んだことを書きましょう。

・このしっぽはすごい。それはきにぶらさがっているからです。まきつけるからすごい。ほそながいからすごい。

・くもざるってかっこいいな。くもざるはきにしっぽをまきつけて、いろいろなことをしているんだな。くもざるはふつうのさるとちがうんだな。

・「くるっとまいたしっぽ。」はさかだちのぶん。くもざるはしっぽできをつかむ。

こわいかお
しっぽをくふうしてつかっている。
しっぽをまきつける
→どうしてできるのか

（さし絵）
くもざるの
全体絵

・しっぽのさきにけがない　・もとのところはけがおおい。
・しっぽがほそい。→まきやすい
てのゆび　4本
←しっぽがかわり

くるっと　まいた　しっぽ
これは、なんのしっぽでしょう　しつもんのぶん
こたえのぶん
これは
くもざるの　しっぽです
くもざるは、
くるっと　まいた　しっぽを
きに　まきつけて　みを　まもる。
ぶらさがります。えさを　とって　たべる

・くもざるのしっぽは、きにつけるからすごいな。くもざるのあしはすごいな。くもざるのてってすごいな。しっぽがてのやくめってすごいな。

○一つ目のしっぽの説明文なので、全文を板書して文の作りをとらえさせる。
○子どもたちには、くもざるが、木にぶら下がって何をしているのかが気になっている。

このとき　ぶらさがるとき
くもざるの　しっぽは
てににた　たとえ
やくめを　して　います。

◆第三時（⑥〜⑩文）

①教師の読み

二つ目はきつねのしっぽです。説明のしかたは同じなので、文型についてはは理解できると思われます。一年生にはこのようなくり返しがだいじです。このしっぽは、毛の量が多くふさふさして太いです。見慣れている犬のしっぽにも見えます。このような説明文を読むときは、子どもの予想をだいじにしたいものです。あれこれ予想して答えがわかったときの喜びや驚きを大切にしたいです。ですから、問いかけのページと答えのページを分けて、書きこむためのワークシートを作成しました。子どもたちはクイズでも解くように何の動物のしっぽか予想し、当たったり外れたりする思いを味わいながら読んでいくでしょう。

きつねは民話や物語などにも多く表されている身近な動物です。そのきつねのしっぽがどういうはたらきをするのか改めて考えながら読めると思います。「ふさふさ」ということばから、毛が多くて暖かそうというイメージを持つことができます。毛がふさふさしているので、毛の間に空気が入り、保温の役割を果たすことができるのです。

○学習のまとめは「学んだこと」として、わかったことや思ったことを書かせる。書きこみと同じことを書いてもよしとする。

○しっぽをからだにまきつけてねむるきつね

○二つ目は馴染み深い動物なので、きつねのしっぽと予想した子が多かった。

ここでも「まきつける」ということばが出てきます。くもざるはしっぽを枝にくるくるっとまくのに対して、きつねはしっぽをからだにぐるりとまきます。「まきつける」というより「まるめる」という方がふさわしいように思います。背中の方には「しっぽは」届いていないからです。アカギツネの尾長は三〇センチから五六センチなので、体に巻きつけるほどは長いとはいえないでしょう。絵を見ると、しっぽを丸めて顔をうずめています。つまり敏感な鼻で冷たい空気を吸わないようにしっぽで鼻をかくしているのです。このときは、毛布というよりマフラーのような使い方ではないでしょうか。寝るとき使うので毛布と言った方が子どもには理解しやすいのだと思います。寝るとき暖かい状態で眠るには、きつねにとってはこのふさふさのしっぽが必要不可欠のものになるのだと思います。

ここでは説明されていませんが、きつねのしっぽにはもう一つだいじなはたらきがあります。走っていて急に向きを変えるときにバランスをとるというはたらきです。

敵から逃げるためや、えさとなる小動物を追い詰めるためにだいじなはたらきになります。実態によっては話題にしてもよいかと思います。

②目標

・きつねのしっぽの形態やはたらきを読む。
・きつねのしっぽの説明のしかたを理解する。

◆児童の書きこみから

⑥⑦の文と絵から、思ったことやわかったこと、見つけたことを書きましょう。

・これはたぶんきつねのしっぽ。さきのほうがしろい。
・ふさふさであたたかくてきもちよさそう。
・きつねのしっぽだとおもう。だってこれは、しっぽがきいろだもん。
・きつねのしっぽじゃないのかなとおもいます。しっぽがちゃいろでさきがしろいからです。しっぽがふさふさしておもしろい。
・たぶんいぬだとおもう。いぬってふさふさだから。

③展開

学習活動	教師のはたらきかけ・指示	読み取らせたい内容	おさえる表現
1各自音読	・⑥⑦の文を読みましょう。		
2難解語句	・難しいことばを出しましょう。		・ふさふさ
3ひとり読み			
4話し合い ⑥⑦文で 絵で	・わかったことや見つけたことを発表しましょう。	・問いかけの文 ・しっぽの形態	・これは、なんのしっぽでしょう。
5予想	・何の動物のしっぽか予想しましょう。		
6各自音読	・⑧⑨⑩の文を読みましょう。		
7難解語句	・難しいことばを出しましょう。		
8ひとり読み		・答えの文	・これは、きつねのしっぽです。
9話し合い ⑧⑨⑩文で 絵で	・わかったことや見つけたことを発表しましょう。	・しっぽの使い方 ・指示語 ・似た役目	・まきつけて ・やくめ
10まとめ	・今日学んだことを書きましょう。		

◯⑧⑨⑩の文と絵から、思ったことやわかったこと、見つけたことを書きましょう。

・これはきつねのしっぽです。きつねはねるときにこうなるんだな。しっぽって、ねるときふとんみたいだな。きつねってかわいいね。きつねってみがくろいんだ。ふさふさしたしっぽは、さわるとふわふわなんだ。

・ねこじゃなかったんだ。こたえはきつねだったんだ。しっぽもやくめをするけど、きつねもじぶんであたためてるんだ。

・きつねのしっぽは、もうふのやくめをしているんだな。ふさふさしたしっぽでまきつけるんだな。きつねはまきついてどんなきもちだろう。しっぽでまきついてあったかそう。

④板書例

しっぽの
部分絵

ようす
ふさふさしたしっぽ
ふとい
さきがしろい

しつもんのぶん
これは、なんの　しっぽでしょう

よそう
きつね　ねこ　いぬ　おおかみ

ひとりよみ

こたえのぶん
これは、きつねの　しっぽです。
つかいかた
まわしている
からだに　まきつけて　ねむる。
→しっぽを

・まきつけては、くもざるとちがう。「これは、きつねのしっぽです。」がこたえのぶん。きつねって、しっぽがもうふがわりだったんだ。しらなかったな。

〇学んだことを書きましょう。
・きつねはしっぽがやくだつんだね。しっぽって、ほかにもとくぎはあるのかな。
・さむいときにしっぽがやくだつ。ふさふさできもちよさそう。まるまってしっぽのさきがきつねのほっぺについてる。

やくめ　もうふにたやくめ
きつねのしっぽは、もうふになる
このとき→ねるとき
ふさふさしてきもちよさそう
ぽかぽかしてあったかそう
もうふがわり
しっぽがあるからあたたかい。
さむい夜にやくだつ。

きつねの
全体絵

まなんだこと
・きつねのしっぽは、ふさふさでもうふのやくめをするんだ。
・きつねは、しっぽをからだにまきつけてねむります。
・さむいよるも、きつねはしっぽがあるからあたたかい。

◆第四時（⑪〜⑮文）

①教師の読み

三つ目はももんがのしっぽです。「ひらたい」ということばの理解から入ります。平らで毛がふさふさしているめずらしいしっぽです。絵を見ると、しっぽの裏側がよく見えます。まん中に筋が入っていて、毛並みが左右にきれいにわかれています。葉っぱの葉脈のようにも見えます。子どもたちも見たことがないしっぽだと思います。予想するといろいろな考えが出て、おもしろいと思います。

そして、答えのページを見て、ももんがのしっぽだったんだと驚くことでしょ

○くもざるのしっぽと比べて読むことができている。「まきつける」の違いに気づいている子もいる。一年生といっても深い読みをする子が出てきている。その読みを学び合いによって、みんなのものにしていくことで学習集団が作られる。

○三つ目はももんがのしっぽ。内容がいちばんむずかしいので、どういう読みをするか、本時の授業として授業記録をとって分析する。

う。皮膜を開いて飛んでいる姿が、四角形になっているのでハンカチが飛んでいるように見えます。ももんがは子どもたちにとってどのくらい馴染みがある動物でしょう。ぬいぐるみやアニメで見るくらいだと思います。それだけに今まで知らなかったことを知る喜びを感じながら読めると思います。

ももんがは空を飛ぶというより、滑空するといった方が正しいそうです。羽を羽ばたかせて飛ぶのではなく、皮膜を広げて木から木へ飛び移るということです。ただ、一年生の児童には「飛ぶ」と言った方がぴんとくると思います。その滑空をするときに、しっぽを広げて体のつりあいをとるのです。ももんがの体重は軽く、一五〇グラムから二〇〇グラムです。従って、空を飛ぶとき不安定だと思われます。そこで、しっぽを広げてつりあいをとることが必要になってくるのでしょう。ももんがが木から木へ移動して生活するのは、天敵に襲われる可能性が少ないからです。ですから、ももんがにとって飛ぶという行動は命を守ること（種の保存）につながります。

そして、似た役目としては、飛行機の翼を揚げています。ももんがとはかけ離れているたとえのように思われます。そこで、飛行機の翼のはたらきを知る必要が出てきます。飛行機でいえば、尾翼の役目だと思います。尾翼には水平・垂直の二つあります。簡単にいうと、水平尾翼は飛行機の上向き、下向きをコントロールします。離陸や着陸のときにだいじな役割です。垂直尾翼は、左右の安定性を維持するためにあります。ももんがのしっぽがどちらのつりあいを

○しっぽを広げてつりあいをとりながら滑空するももんがと飛行機。
○この二つは全体の姿がよく似ている。

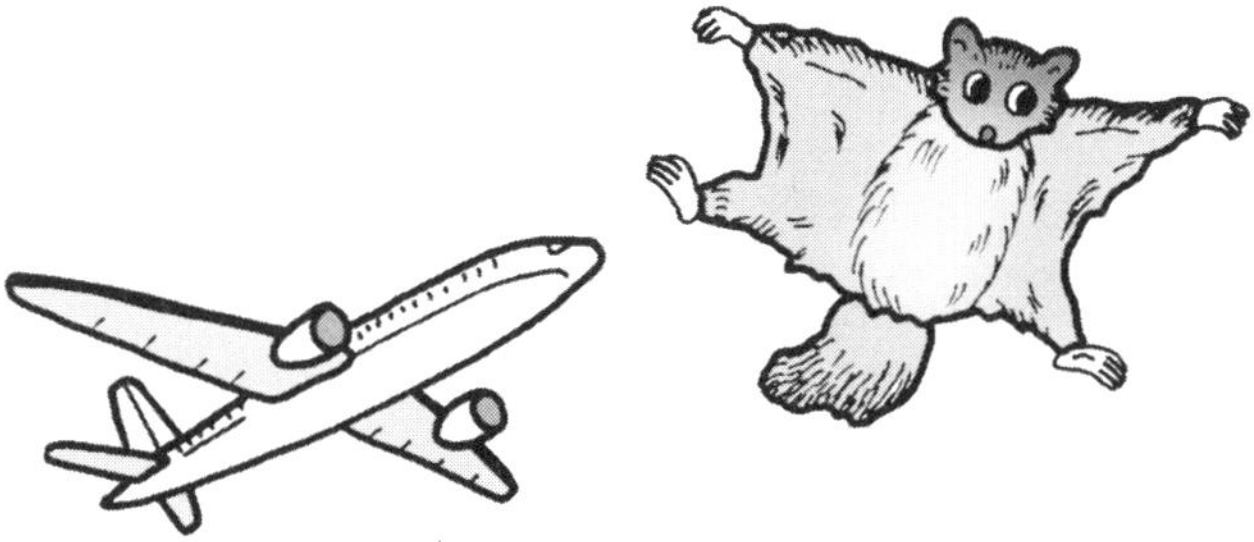

とっているのか、いろいろ調べましたがそこまではわかりませんでした。ももんがはハンカチのように飛ぶことや、体重が軽いことを考えると、上下左右すべてのつりあいをとっていると考えた方が納得がいきます。いずれにしても、ももんがのしっぽはたいしたものです。ただこのたとえは規模が違いすぎて、なかなか対照的に考えることができないと思います。ほかにたとえると、紙飛行機を折るときに安定するように、後ろに折り目をつけたり、おもりとしてクリップをつけたりすることがあります。これも前に傾きすぎないように、つりあいをとるための工夫だと思います。

ムササビのしっぽは円錐形で舵をとるはたらきをするそうです。ムササビの滑空距離は一〇〇メートルを越えるのです。だから方向性を定める舵としてのしっぽが必要になってきます。それに対してももんがは二〇メートルから三〇メートルの滑空距離です。方向性より安定性が必要な訳がわかります。そして、似ているような動物でもしっぽの役割がちがうので、しっぽの形態も違うのです。違いがわかると、説明文を読むおもしろさが増します。

このももんがのしっぽで、三つの動物のしっぽを読み終わります。最後にはももんがにとってしっぽはどんなものなのかという大きな問いを投げかけてみようと考えています。

②目標

・ももんがのしっぽの形態やはたらきを読む。

◆児童の書きこみから

⑪⑫の文と絵から、思ったことやわかったこと、見つけたことを書きましょう。

・りすのしっぽだとおもう。りすってなんかうすっぺらくてひらべったいから。

・これは、かんがるーのしっぽだとおもいます。こんなひらたいしっぽはみたことない。

・ひらたいしっぽ。これはなんのしっぽ。すかんくみたいな、いたち？かわうそ？せんがある。むささび？

・これはひらべったいかんじのしっぽですね。これはなまけもののしっぽみたいですね。

まえのほうがなんかしろっぽいですね。けっこうどうぶつえんにいそうです。けがおおいし、ちゃんとととのってるんですね。

・これはびーばーのしっぽとおもいます。ひらたいからびー

・ももんがにとってのしっぽの価値を考える。

③展開

学習活動	教師のはたらきかけ・指示	読み取らせたい内容	おさえる表現
1各自音読	・⑪⑫の文を読みましょう。		
2難解語句	・難しいことばを出しましょう。		・ひらたい
3ひとり読み	・わかったことや見つけたことを書きましょう。		
4話し合い 予想 ⑪⑫文で 絵で	・何の動物のしっぽだと思いますか。 ・わかったことや見つけたことを発表しましょう。	・問いかけの文 ・体言止めの文 ・しっぽの形態	・これは、なんのしっぽでしょう。
5各自音読	・⑬⑭⑮の文を読みましょう。		
6難解語句	・難しいことばを出しましょう。		・ももんが ・つりあい ・つばさ
7ひとり読み	・わかったことや見つけたことを書きましょう。	・答えの文	
8話し合い ⑬⑭⑮文で 絵で	・わかったことや見つけたことを発表しましょう。	・しっぽの使い方	・これは、ももんがのしっぽです。

ばーとおもいます。

○⑬⑭⑮の文と絵から、思ったことやわかったことを書きましょう。

・これはももんがのしっぽだったんだ。ひこうきのつばさみたいでかっこいい。

・ももんがってはねもないのに、ももんがのしっぽがつばさのやくめになるなんて、ももんがってほんとにすごいかもしれない。

・しっぽもつばさになっている。これはとんでいるのではない。きからきにとびはねている。

9まとめ	・今日、学んだことを書きましょう。 ・ももんがにとって。このしっぽはどんなところがいいでしょう。	・指示語 ・似た役目	

④板書例

しっぽ　しっぽ

しっぽの部分絵

ようす

ひらたい　しっぽ

しつもんのぶん

これは、なんの　しっぽでしょう

よそう

かんがるー　いぬ

やぎ　いたち　りす

さらさら　へらべったい

けが　おおい。　とりのはねみたい

○あまり見たことのないしっぽなので、予想では、迷っている子が多かった。りすのしっぽと予想した子がいちばん多く、一人だけももんがのしっぽと予想していた。

○ももんがの場合は、飛んでいる姿全体を見ると確かに飛行機みたいなので、しっぽに着目するよりも、全体をとらえて書いている子がいて、くもざるやきつねに比べて書きづらかったのではないか。

○学んだことを書きましょう。

・ももんがはきからきへうつるんだ。ももんがはからだをひろげてとぶ。

ひとりよみ

ももんがの全体絵	飛行機の絵

こたえのぶん

これは、ももんがの　しっぽです、
ひろげる
　つりあい
ばらんすをとる
とぶ
　とびうつる
このとき↓とぶとき
ひこうきのつばさににたやくめ

しかくい　しろい
からだがかるい↓しっぽでばらんすをとる
うすっ　らい　かるい
はやい　ぱらぐらいだー
ちいさい　むささびみたい
よいところ
しっぽがやくにたつ

・ももんがはしっぽがあるととびやすい。ももんがはひらたいしっぽをひろげてばらんすをとる。
・ふといとそらをはやくとべないからうすっぺらい。そうすると、てきからはやくいける。てきからはやくとおざかることができる。

○しっぽだけでなく皮膜を精一杯広げて飛んでいるので、全体像としてとらえさせた方が子どもの感覚にぴったりとくるようだ。理解して読んでいるのだと思う。

◆第五時（①〜⑮文）

①教師の読み

三つの動物のしっぽを比べて読むことにより、それぞれの動物のしっぽをさらに深く理解することができます。比較しながらまとめていく学習は、一年生にとって初めてのことですから、項目に沿って表にまとめさせたいと思います。前時までの学習をていねいに扱っていれば、一人でまとめることができると思います。もう一度本文に立ち返らせながら、まとめさせていきます。

②目標

・三つの動物のしっぽの形態、働き、似た役目をまとめることができる。
・動物にとってしっぽが必要であるわけを考えることができる。

③展開

学習活動	教師のはたらきかけ・指示	読み取らせたい内容	おさえる表現
1めあて確認	・三つの動物のしっぽを比べてみましょう。	・ももんが、きつね、くもざるのしっぽのまとめ	
2ひとりでまとめる	・全部の場面を音読しましょう。		
・ようす	・表に書いてまとめてみましょう。	・まとめ方	
・つかいかた		・動物にとってのしっぽの働き	
・にたやくめ			

○くもざるの場面の学習が、きつねの場面の学習に活かされ、それらがももんがの場面の学習に活かされる。前の場面にもどったり、全部の場面を比べたりしてまとめていく。その日の学習場面だけを学ぶという考えではなく、全部をつなげて学習していくという方法。

○学級の中には、なかなか読めない子が必ずいる。この三つの動物のしっぽを比べてまとめる学習を通して、すべての子どもたちの理解を図る。

○授業で使った拡大さし絵を掲示し、今までの学習内容を振り返る。

3しっぽのやくめ	・しっぽの役目について思ったことをいいましょう。	・形態のちがい ・役目のちがい	

④板書例

しっぽ　しっぽ

くもざるのしっぽ	ぶらさがっている くもざる
きつねのしっぽ	ねているきつね
ももんがのしっぽ	とんでいる ももんが

	ようす	つかいかた	にたやくめ
くもざる	くるっとまいた しっぽ	きにまきつけて ぶらさがる。	てにたやくめ
きつね	ふさふさした しっぽ	からだにまきつけてねむる。	もうふににたやくめ
ももんが	ひらたい しっぽ	からだのつりあいをとりながらとぶ	ひこうきのつばさににたやくめ

○まとめの表に一人で書かせる。教材文を読みかえして文の叙述に従って正しく書かせる。

○児童に配ったまとめの表を拡大して、児童の発表を書きいれてまとめていく。

○「動物にとってのしっぽ」を考えさせるのは、一年生には高度な課題かもしれないが、こういう大きな投げかけをすると、一年生なりに一生懸命考え、自分のことばで表現するようになる。その発表を聞くのは、本当に楽しいもの。中・高学年の筆者の書きぶりをとらえる学習につながっていくと思う。

どうぶつにとってのしっぽ
・だいじなもの
・ひつようなもの
・ももんが→しっぽがないととべない
こまる
みをまもれない
いのちをまもる

・たいせつなもの
・しっぽのおかげでいきている。
・どうぶつによってやくめがちがう。

◆第六・七時（カンガルー・ビーバー・うしのしっぽ）

①教師の読み

「しっぽしっぽ」の説明文の型を学んだので、それを基にして、自分でしっぽのお話を書く活動をします。取り上げている動物は、カンガルー、ビーバー、牛の三つです。この写真を見ただけでは、説明文を書くことはできません。それぞれの動物のしっぽがどんな形態で、どんな役割をしているのか、調べたり聞いたりする学習が必要とされます。

そのために、図書を利用したり、知っている子に発表させたり、教師が補足したりして、ある程度の知識を得るようにします。ひな型を学んだからといっ

○この活動は最終的な目標ではなく、発展的な学習として位置づけて設定している。

○絵を詳しく見ていくと、ある程度のしっぽの役目はわかる。

て、すぐには書けないのです。また、図書室で調べるときには、「教科書には載っていない動物でもいいよ」と範囲を広げてあげると、図鑑に飛びつき、書く意欲が増すと思います。

写真を見ると、カンガルーは闘っているようです。ボクシングをしている動きです。しかも左のカンガルーはジャンプしています。ジャンプしているカンガルーのしっぽは、地面に垂直に立っています。しっぽを使ってジャンプしていることがわかります。着地しているカンガルーのしっぽは斜めになっていますが、それでも、ぴんと立てて体を支えています。どちらのしっぽも堅くて強そうに見えます。

ビーバーのしっぽは平たくて、へらやうちわのように見えます。すいすいと水中を泳ぐとき舵をとるために使っています。ボートを漕ぐときのオールにも似ています。ビーバーはこのしっぽで舵をとるだけではなく、ひれのように使って進む力を得ているのです。顔と体としっぽが楕円形で、三つのへらが浮いているようにも見えます。浮きやすく泳ぎやすいのでしょう。

最後が牛のしっぽです。長さだけでなく、先っぽのふさふさに着目する必要があります。このふさふさがはえたたきのような役目をして害虫を追い払うのです。鉄柵などに打ちつけすぎて先の毛がなくなると、虫を追い払えないそうです。このふさふさした毛もだいじなはたらきをしていることに気づかせたいです。

○この時期の国語の指導計画に「図書室に行って本を読もう」という学習があるので、動物の本や図鑑を紹介した。ただ、学校によって、本の種類や冊数には限界がある。家庭にある動物の本を読ませることも手立てになる。

②目標

・自分の好きな動物のしっぽについて調べることができる。

・自分で決めた動物のしっぽについて、説明文を書くことができる。

③展開

学習活動	教師のはたらきかけ・指示	読み取らせたい内容	おさえる表現
1めあて確認	・自分のすきな動物のしっぽのお話を書きます。	・カンガルー、ビーバー、うしのしっぽの形態、働き、似たたとえ	・このしっぽは、どんなやくめをしているのでしょう。
2カンガルー、ビーバー、うしのしっぽ	・三つの動物のしっぽの様子を言いましょう。		
・かたち	・どんなかたちですか。	・かたち	
・つかいかた	・どんな働きをしますか。	・問いかけ	
・にたやくめ	・役目は何に似てますか。	・答えの文	
3説明文の書き方	・お話の書き方を確かめましょう。	・使い方 ・似た役目	
4説明文を書く	・自分が決めた動物のしっぽのお話を書きましょう。		

○説明文を書く活動なので、一時間ではできない。二時間扱いとする。

④板書例

しっぽ　しっぽ

ほかのどうぶつのしっぽをかんがえよう。

うしのしっぽ
　さきがふさふさ
　むしをおいはらう
かんがるーのしっぽ
　ながい　ふとい　つよい
　じゃんぷ　する
びーばーのしっぽ
　ひれ
　およぐとき　つかう
ぶんのかきかた
　①ようす
　②しつもんのぶん
　③こたえのぶん
　④つかいかた
　⑤にたやくめ

すきなどうぶつをきめてしっぽのおはなしをかこう。

○カンガルー、ビーバー、牛のしっぽの形やようす、使い方、似た役目について、発表を通してある程度の共通理解を図る。

○今までの学習で何度も押さえてきた文型なので、だいぶ定着してきている。

◆第八時（動物のしっぽについてのまとめ）

①教師の読み

学習のまとめとして感想を書かせます。感想の書かせ方は指示のしかたがいろいろあると思います。それぞれの時間のまとめとしては、「学んだことを書きましょう」と指示しました。説明文の学習ですから、わかったことを書くのはだいじです。いわゆる正しく読む、新しい知識を得るというねらいです。学習指導要領では、「読むこと」の低学年の指導事項は、「事柄の順序を考えながら内容の大体を読むこと」になっています。しかし、好奇心旺盛な低学年の子どもたちですから、正確に内容をとらえさせることを大切にしたいものです。

その上で、思ったことやさらに知りたいことが書けたらいいと思います。豊かに読むというねらいです。しかしながら、一年生の一学期ですから文を書くことに抵抗のある子もいます。そこでここでは、「動物にしっぽのことで手紙を書きましょう」と投げかけました。手紙の形にすれば実際の相手を意識して書きやすいのではないでしょうか。

②目標

・動物のしっぽについてわかったことや思ったことを書くことができる。
・説明文を読む喜びを味わいながら、好きな動物に手紙を書くことができる。

○他に考えられる提示のしかた
「いちばん驚いた動物のしっぽのことで、思ったことを書きましょう」
「三つのしっぽを比べて思ったことやわかったことを書きましょう」
「動物に言ってあげたいことを書きましょう」
「うちの人に、動物のしっぽのことで知らせたいことを書きましょう」

六　本時の授業記録（第四時…Tは教師、アルファベットは児童、全は多数の児童）

T　今まで、くもざるのしっぽ、きつねのしっぽを勉強しましたね。今日はどんなしっぽかな。しっぽのようすとはたらきを読み取っていきます。今日のところを読んでみましょう。

〈一斉音読〉（「ひらたい」を「ひらいた」と読み間違える子がいました。）

T　「ひらいた」ではないですよ。「ひらたい」ですよ。もう一度読みましょう。

〈一斉音読〉

〈難解語句の理解〉

T　「ひらたい」って何ですか。

全　へらべったい

全　ぺたーっとなってる。ぺっちゃんこ。

T　では何のしっぽか予想しながら書いていきましょう。文や絵から、♡はわかったことや思ったこと、👁は見つけたことを書きましょう。

〈ひとり読み　3分間〉

T　では予想から発表しましょう。

〈予想の発表〉

A　やぎのしっぽだと思います。

B　いたちです。

○⑪⑫文としっぽの絵のプリントだけを配る。もちろん、この日に初めて目にする文と絵。

○二文しかないので、指名音読ではなく一斉音読にした。読み間違いはすぐに正してもう一度読ませる。

○ひとり読み（書きこみ）に支障のある語句は初めに確認する。「ひらたい」というと薄いイメージを持つ。

○一学期なので、書きこみの記号は二つだけにしている。二学期にはもっと増やしていく。項目にとらわれず書きたいことは何でも書いていい。

C　ぼくもいたちだと思います。
D　犬だと思います。
E　うさぎ。
F　このしっぽはへらべったくてちょっとふわふわです。りすだと思います。
G　カンガルーのしっぽだと思います。
T　このしっぽは、予想がたくさん出ましたね。わかれましたね。では、しっぽのようすをもっと発表したい人いますか。

〈形態についての発表〉

H　まがっている。（ねもとのところから）
I　ねもとがてるてる坊主みたいになっています。
J　二色あって、茶色と白だから、動物か何かわからない。
K　わかりづらい。
L　しっぽの下の方は全部毛が集まっています。
F　しっぽの下の方が、まん中に線があって葉っぱみたいです。
M　しっぽが何か鳥の羽みたい。
N　しっぽの上の白い所は坂みたいになっています。
C　毛が多いしっぽです。
T　そうですね。毛が多いですね。くもざるのしっぽの上の方は毛がなかったもんね。

○問いかけに対応して、答えになる予想を発表させる。ももんがのしっぽは馴染みがないので、予想はわかれた。

○ひらたいしっぽの形態をさらに詳しく考えていく。

○しっぽの根元が今までの動物に比べて変わっているので、そこに目が向いている。子どもは絵のすべてを見ようとする。

○形、色、毛並みに注目して見ている。そして、～みたいと「たとえ」を具体的に示している。

○毛の生え方もしっぽのはたらきに関係があることを押さえたい。

全 ないよ。

O 固そうなしっぽです。

P 白くてちょっと丸まってるところがある。

T 何のしっぽか早く見たいね。A君で締め切ります。

A だんだん大きくなってる。

T もうすぐ答えを配るよ。文のことで言いたい人はいますか。Q君。

Q 「これは、りすのしっぽです。ちっちゃくてかわいいからです。」（予想で書いた自分の答えの文を発表しました。）

T 先生が今言ったのは文のことで発表したい人いますか。何の文とか。

〈文について〉

L 問題の文があります。

T どれですか。みんなで言ってください。

全 「これは、なんのしっぽでしょう。」

T では、答えのプリントを配っていいですか。楽しみだね。

（裏返しで配って1、2、3で開きました。）

全 ももんがだあ！（しばらくどよめいていました。）

T では答えを読んでください。

〈一斉音読〉（ももんがに対する驚きが大きくどよめきが続き読みがそろっていませんでした。）

○ひらたいだけでなく、固そうという質感を考えている。

○時間の制約があるので打ち切って次へ進む。

○問いかけの文をおさえる。

○⑬⑭⑮文とももんがが飛んでいる絵のプリントを配る。

○今まででいちばん大きい反響で、しばらく興奮状態だった。

T　先生がもう一度読みますので聞いてください。

〈範読〉

T　これから書くんですけれども、むずかしいことばはありますか。

〈難解語句〉

R　「つりあい」です。

T　みなさん体育でバランスってやりますよね。つりあいは、バランスのことです。バランスが悪いとこんなふうに傾きますね。（動作を見せました。）

全　「ひらたい」

T　「ひらたい」はさっきやりました。たいらなことね。（紙を丸めて見せました。）これは丸い、（紙をのばして）これは、ひらべったいですね。

A　「つばさ」です。

T　ひこうきのつばさです。ひこうきのまね、やってごらん。（ももんがの隣に飛行機の絵を提示しました。）

T　では、ひとり読みをします。時間が五分しかありませんよ。文のことでもいいし、読んでわかったこと、思ったこと、それから絵のことも書いていいですよ。

〈ひとり読み　五分三〇秒〉

T　ももんがのしっぽのことで、わかったこと、思ったことを発表しましょう。

〈しっぽのはたらきと似た役目についての発表〉

○前半と同じような流れで授業を進める。時間はかかるが、先を読まないことのメリットはある。

○つりあいは単に語句の意味をおさえても理解できないので、文の中で考えることがだいじ。

○文の数が少ないので、短時間でも書けるようになってくる。

M　このときに飛行機の翼に似た役目をするんだ。

F　翼のところに手と足がちょびっと出ています。耳は三角です。

L　体が四角い。ももんがのしっぽは飛行機みたいなしっぽなんだ。

全　飛行機じゃないよ。

J　ももんがって、体のおなかの辺が白いんだ。知らなかった。

N　ももんがは飛行機の役目をしてるんだ。羽みたいだよ。

T　飛行機じゃなくて、飛行機の何の役目？　つばさだよね。羽みたいはさっきも出ましたね。

S　ももんがは飛行機に似た役目をするんだ。

T　飛行機じゃなくて。飛行機の何？　何て書いていますか。

全　つばさ

T　つばさだよね、つばさも入れてください。ももんがはそのしっぽをどういうふうに使うんですか。それを言ってください。

U　バランスをとる。

Q　つりあいをとる。木から木に乗り移るときに。

J　体が軽くないとしっぽでバランスがとれない。

F　何で体が軽いかというと、あそこの四角のところ（皮膜）がうすっぺらくて軽いからバランスをとる。

N　しっぽを飛行機のジェットみたいに使う。

○教師は、ももんがはしっぽでつりあいをとって飛ぶことを引き出したくて、飛行機じゃなくて飛行機の翼を強調していくが、それは良くなかった。

○「ももんがは飛行機みたいだね」という発言を認めて、「では、しっぽは飛行機のどこにあたりますか」という切り返しをすれば、しっぽが尾翼の役割をしていることは理解できただろう。

○つりあいから体の軽さ、皮膜の薄さに話が広がっていく。

○児童は、ももんがが飛行機のように飛ぶことをとらえて発言していた。

T　（飛行機の絵を指して）じゃ、飛行機のどこでしょうね。後ろの方？

A　ひらたいしっぽを広げてつりあいをとりながら飛ぶ。

T　すばらしい。わかったことだね。

H　速いのかな。

Q　広げるときに……？

U　パラグライダーみたいに飛ぶ。

K　ももんがは小さい。

F　敵に襲われないように、人間が追いつけないくらいビューって速く飛ぶ。

T　速さのことはまた調べましょうね。

J　おなかの辺は白くて背中の辺は茶色いから……？

T　では、ももんがにとってこのしっぽはどうなんでしょう。しっぽがあるとどうなんだろう。

L　飛びやすくてうれしいと思います。

N　うれしい。

M　しっぽがあればすごい高く飛べる。

A　何かムササビみたいに飛んでる。

V　しっぽは役に立つ。

F　しっぽが薄っぺらくて軽いとどこまでも飛べる、だから敵からも逃げることができる。

○授業記録をとると子どもの思考がよくわかる。この思考に沿って授業を進めることがだいじ。

○子どもたちが知りたいという欲求はどんどん広がり、ももんがが飛ぶときの速度についても興味を持っている。

○最後に大きな問いかけを投げかける。子どもの注目を「しっぽ」に立ち返らせるため。

○説明文といえども動物に寄り添うのが一年生の子どもたちである。それによって、説明されている対象の側から、説明されていることをとらえることができる。そのことによって、しっぽの役目が自分なりに理解できる。

T　しっぽが分厚いとだめなんだ。だからひらべったいしっぽなんだね。今日はももんがのしっぽを勉強しました。学んだこと、わかったことを書きましょう。

〈学んだこと　三分〉

T　学んだことを発表したい人はいますか。

R　ももんがのしっぽはつばさの役目をしてて便利です。バランスをとって、違う木に移ることがわかりました。四角く広げるところから、手と足が出ておもしろいです。

T　わかったことがよく書けました。最後にもう一度読んで終わりにします。

〈一斉音読〉

T　次の時間は、三つの動物のしっぽを比べます。

七　授業を終えて

入門期の説明文なので、文は少なく絵に頼るところが大きい教材でした。前述したように、本市では他社の教科書を使用しているので、カラーコピーをして本文を与えました。またワークシートはすべて手作りしました。問いかけと答えのページを別々に配ったので、予想することが楽しく、子どもたちは興味を持って読んでいました。問題点としては、四五分の間に、問いかけのページに対して書きこみをして発表し、次に答えのページに同じように書きこんで発

○一時間の授業の中で、三カ所書く活動があるので、やはり時間が足りないという課題が残る。一学期の一年生は書くことに時間がかかる。視写力を高めることもこれから心がけていく必要がある。

○一生懸命考え、書き、発表すると、まとめの音読は自信に満ちて元気な音読になる。

○授業をしているときは見えてこないことが、授業記録を起こして分析していくと、たくさんのことが見えてくる。

表したので、時間がかかったことです。時間の制約があるなかで、子どもたちは集中して書きこみ意欲的に発言していたと思います。

　国語科で叫ばれている「単元を貫く言語活動」という主旨からいうと、ひな型に合わせて自分で説明文を書くという大きなねらいが先にあります。そのための手段として、くもざるやきつねやももんがのしっぽについて学習をすることになります。子どもたちは初めに「動物のしっぽのお話を書きますよ。そのために三つの動物のしっぽのお話を読みますよ。」と投げかけられます。授業でだいじなことは、説明文の型を教えることになるでしょう。

　しかし、説明文の学習でだいじなことはそれだけではありません。むしろ、見つけたことを発表し合ったり、自分のわからないことにこだわったりすることに時間をかけたいものです。

　本時の授業について考えてみたいと思います。三つの動物の中で、ももんがのしっぽがいちばん理解しにくいところでした。子どもたちの反応を見ると、ひらたいしっぽを把握させることがむずかしかったです。まず、「ひらたいしっぽ」を「まん中に線があって葉っぱみたい」とか「毛が多い」「固そう」などの発言をしています。確かにまん中の線を境に左右に毛が流れるように生えていて葉脈のように見えるのです。平たいと説明していますが、分厚い感じにも見えます。子どもたちは「ひらたい」ということを意識しながらも、しっぽの毛並みや質感に注目して読んでいるのです。そして、見れば見るほど何の

○授業分析で見えてくることは、子どもの読みのプロセス。絵や文から、小さな発見をしようと細かいところまでよく見る。一人ひとりの書きこみも全部書き写してまとめると、一人ひとりの読みの傾向もわかってくる。
○もう一つ、分析で見えてくることは、教師の関わりだ。教師の発問や切りかえしがどうだったか、記録をとると反省することがほとんど……。次に生かすために、たまには授業記録をとりたい。
○今回の授業に当たって、三省堂から「しっぽしっぽ」の学習指導書と指導事例集を参考にした。それは「単元を貫く言語活動」にはあまりこだわっていない。一年生なりの

しっぽかとらえられなくなって、「わかりづらい」と発言した子もいます。しまいには「動物か何かわからないよ」という究極の考えに達した子もいました。よく見ても簡単には予想できないという子もいるのです。わからないという発言は決して浅いものではないと学びました。教師としてはもっと「ひらたい」にこだわらせた方がよかったかなと思います。

次にむずかしかったのは、「しっぽでつりあいをとってとぶ」という使い方の文です。子どもたちの読みは、ももんがそのものを飛行機と同化して全体像としてとらえていました。四角く広げた皮膜は飛行機の右翼と左翼、しっぽは尾翼の役割をして、飛行機のように飛ぶことを文や絵から見つけていました。それを教師が「つりあい」や「ひこうきのつばさにたやくめ」というキーワードにこだわってしまった授業でした。子どもの意見をもっと自由に出させて、終盤で「ももんがは飛ぶとき、しっぽがないとどうなるか」と問えば、「つりあいがとれなくなる」と答えたでしょう。飛行機は、尾翼がないと左右に揺れて落ちてしまったり、方向性を見失ってふらふらと飛んだりするそうです。だから、ももんがもきちんと飛ぶために、ひらたいしっぽでつりあいをとることが理解できたと思います。

ももんがのしっぽの説明文はむずかしい部分はあったものの、答えがわかったときの子どもたちの驚きや歓声は本当に大きなものでした。ももんがはすごいと思った子がたくさんいました。「飛ぶ速さ」の話題になった場面があります。

興味・関心をだいじにして、くもざる、きつね、ももんがのしっぽについて楽しく読ませたいということだった。「問い」に対する子どもたちの反応を大切にし、発言を引き出し、しっぽの形と役割を驚きをもって読ませたいという趣旨。その上で、「その他の授業のアイデア」として、「クラスのしっぽ図鑑」を作ったり、動物クイズ大会をしたりすることを打ち出していた。

○教材分析とともに、学級の子どもたちの読みの実態をとらえ授業を組み立てていくこと正しい速さを提示することはできませんでした。しかし「敵に襲われないように、人間が追いつけないくらいビューって速く飛ぶ」と発言した子がいました。敵が来たら次の木に飛び移るために、速いスピードで滑空することをイメージしているのです。そして、生きることと飛ぶこととの関連を考えている発言だと思います。

まとめの段階では「ももんがにとってこのしっぽがあるとどうですか」と投げかけました。次の時間にも「動物にとってしっぽがあるとどうなんだろう」ということを考えさせたいので、その布石を打っておきたかったのです。「しっぽは役に立つ」とか「このしっぽがあるから飛べる」など、機能的な答えを予想していました。ところが、「飛びやすくてうれしいと思う」と発言した子がいたのです。ももんがの気持ちを想像して発言しているのです。物語に登場する動物ではなくて説明文の動物でも、子どもは心情を考えるのです。低学年独特の読みの視点だといえるでしょう。

子どもたちは、考え方は柔軟で豊かで深いものを持っていると改めて思いました。一つひとつのしっぽについてよく見てよく読んで、むずかしいことばを理解して、楽しく予想しました。一人ひとりが一生懸命考えている活動がありました。答えのプリントに飛びつくときの目は生き生きと輝いていました。そして、疑問がたくさん沸きました。読書の時間に図書室で動物の本を読んだり、大きな図鑑を見たりする子がいました。中には、家庭で動物の図鑑を買っても

が大切。

○子どもたちはこの説明文を読んで、どの動物のしっぽにも感動していたが、やはりももんがのしっぽにいちばん驚いていた。

○説明文では、説明されている対象について考えながら、説明されている内容を読むことが大切。ことばだけの理解に落ち入ることを防ぐ。子ども自身が、「ひとり読み」で文章を読む良さが、ここに生きてくる。

らってうれしそうにみんなに見せている子もいました。説明文の学習が広がっていくことに喜びを感じました。

最後に児童が動物に当てた手紙と、他の動物のしっぽについて書いた説明文を紹介して終わりにします。

くもざるさんへ（P）

くもざるさんのしっぽはかっこいいですね。くもざるさんのしっぽは、てににたやくめをしているんですね。びっくりしました。くもざるさんのしっぽは、きにまきつけるんですね。

ももんがさんへ（N）

ももんがさん、あなたのしっぽは、からだのつりあいをとれることがはじめてわかったときに、すごくびっくりしました。ももんがさんのしっぽにいちばんびっくりしました。だから、ももんがさんは、てきがきてもとんでにげることができるどうぶつなんですよ。

きつねさんへ（M）

きつねさんのしっぽはすごいですね。ふさふさしたしっぽをもうふがわりにしているから。きつねのしっぽはこんなやくめをしているんですね。きつねさんのしっぽのやくめは、だれもできないやくめをしているんですね。

○この時期は長い文章は書かせていないので、短い手紙を書かせた。

○説明文を書く学習はかなりむずかしかった。ひな型に合わせても簡単には書けないのが一年生。まだ文字を書けない子も一生懸命書いていた。

V
ふとくてながいしっぽ
これは、なんのしっぽでしょう。
これはかんがるーのしっぽです。
かんがるーは、しっぽをつかって
じゃんぷします。
このとき、がんがるーのしっぽは
ばねにたやくめをします

R
ひらたいしっぽ
これは、なんのしっぽでしょう。
これは、びーばーのしっぽです。
ビーバーは、しっぽをつかって
じょうずにおよぎます。
このとき、びーばーのしっぽは、
ふねのかじにたやくめをしています

W
さきがふさふさしたしっぽ
これは、なんのしっぽでしょう。
これは、うしのしっぽです。
うしは、くるむしをしっぽで
おいはらいます。
このとき、うしのしっぽは、はえ
たたきのやくめをします。

「どうぶつの赤ちゃん」ますいみつこ／作（光村図書）高橋　聖

一　題材について

「どうぶつの赤ちゃん」と聞くと、一年生の子どもはまず喜びます。なぜなら、「どうぶつ」も好きだし、「赤ちゃん」も好きだからです。その二つの要素が合わさっている教材です。題名読みをした後には、画用紙で作った教材を綴るためのファイルに絵を描くようにするのですが、見事に十人十色のかわいい絵を描いていました。

「どうぶつの赤ちゃん」は、「ライオン・しまうま」の赤ちゃんについて、「生まれたばかりのときは、どんなようすをしているのでしょう。そして、どのようにして、大きくなっていくのでしょう。」と、子どもの関心を引き出す課題提示文で始まります。子どもは次の授業を楽しみに読み進めていきます。

しかし、楽しいだけではありません。子どもたちは読みを深めるために動物の比較をします。新たな情報を得るとともに、比較をすることで「なぜライオンの赤ちゃんは生まれたばかりの時は弱いのだろう？」「なぜしまうまの赤ちゃんは生まれてすぐに歩くことができるのだろう？」と、新たな疑問を生みます。

○筆者について

本教材の筆者である増井光子氏は、大阪府出身の獣医師。元上野動物園園長で、一九九六年に東京都を退職後、よこはま動物園ズーラシア園長、兵庫県立コウノトリの郷公園長（非常勤）。二〇一〇年七月に、イギリスにて乗馬競技中に落馬事故をし、死去。享年七三歳。

子どもの「なぜ？」は、読みを深めるための原動力になります。学級で話し合い、「きっとこういうことだよ」と、答えを探していく過程で、さらに読みが深まります。一年生にとって、説明文を読むという学習はむずかしいという子どももいますが、「どうぶつの赤ちゃん」は読み深めるための工夫がしやすく、何より楽しい教材です。一年生の後期にぴったりの教材だといえるでしょう。

二　教師の読み

1　文章分析と文章構造

本教材は、一九七九年に光村図書「こくご一下ともだち」に掲載されて以来、現在でも光村図書の教科書に掲載されています。当初は「ライオン・しまうま・カンガルー」と、三種の動物の赤ちゃんの比較を題材とした説明文でしたが、前指導要領による教科書では「ライオン・しまうま」という、肉食動物・草食動物の比較が顕著に見られる二種のみに編集されていました。現指導要領（平成二三年度・二〇一三年度版）による教科書では、「ライオン・しまうま」を中心題材としていますが、補足的に「カンガルー」の説明文が復活して掲載されています。また、改訂を重ねるうちに、より正確な情報へと改良がなされています。

今回の実践では、現在の「ライオン・しまうま」に限って比較しながら読み、「カンガルー」については、比較をせずに補足情報として読みを深めることを目指す教材テキストを作成しました。

「ライオン・しまうま・カンガルー」の各動物について、三つの段落を使って説明されています。一つ目は「生まれた時のようす」、二つ目は「歩く・走るようす」、三つ目は「食べ物のようす」です。三種類の動物について、三つずつの段落を使用しているため、最初の課題提示文を入れて計十段落を使った説明文となっています。

2 表現の特徴

小学校一年生を対象として書かれた説明文であるため、文節ごとに空白が挿入されています。文末は「です・ます調」の敬体で書かれており、子どもに問いかけるような文体となっています。

語彙は、一年生児童が獲得していると予想される生活語彙を使用しています。たとえば、乳汁のことを「おちち」、母ライオンのことを「おかあさん」などのように表現しています。

三 教材化にあたって

1 児童の実態

本校は大阪国際空港から東へ一キロほどの距離に位置し、最寄り駅である蛍池駅は阪急宝塚線と大阪モノレールとの乗換駅となっています。大阪駅まで電車で十五分程度で行ける距離で、大阪のベッドタウンとしての機能を持っており、また高速道路である中国道が校区を横断する、交通の要所ともなっていま

○詳細は三―2「教材化の視点」を参照

す。少子化が進む昨今においても入学児童数が増えており、一学年につき三〜四学級で編成されています。本学級は、男子十八名、女子十八名、計三六名という、一年生にしては比較的人数の多い学級です。

入学当初から話をよく聞くことができ、素直で優しい子どもが多いと感じられました。学級では、年度を通して集団作りの取り組みに力を入れ、子どもはまわりのことを考えて行動することができる場面が多く見られ、友だちに優しくしていました。そのため、他人と違ったところがあると不安になったり、「先生、これでいいですか？」と、確認を求めたりすることが多かったです。

自主性を高めるために、授業の班活動や学級活動などで、自分たちで企画・計画して活動する場面を多く持つように努力してきたので、二学期のお楽しみ会ではレベルの高い出し物をすることができたり、休み時間にダンスの振り付けを考えたり、学級のルールを自分たちで作りたいと申し出たりするようにもなってきました。

一読総合法を応用した授業は、説明文教材「どうやってみをまもるのかな」（東京書籍　あたらしいこくご一上）や文学教材「おとうとねずみチロ」（東京書籍　あたらしいこくご一下）で行ってみましたが、事前学習をしている子どもが半数以上おり、「それしってる～」という発言とともに、話し合いが深まらない雰囲気になってしまいました。興味・関心を十分に引き出すこともできず、教科書に載っている教材での一読総合法の指導を断念しました。

○平成二三年（二〇一一年）四月一五日に成立した改正義務教育標準法では、一年生は一学級三五人以内となっているが、豊中市独自のインクルーシブ教育の政策により、学級定員をオーバーすることもある。

○何でも言える学級づくりが国語の授業づくりの基礎となる。

文学教材として絵本の「ひとりぼっちのライオン」（福音館書店）を二学期に一読総合法で学習しましたが、こちらは話し合いも活発にでき、子どもたちも楽しんで学習することができました。自分の意見を発表することに意欲や喜びを持つ子どもも見られるようになりましたが、それでも自信がなく、恥ずかしがって意見を言うことができない子どももいました。

今回の説明文「どうぶつの赤ちゃん」の教材は、初めて一読総合法を最大限に活用した授業となりました。

2 教材化の視点

本教材は、子どもにとって興味・関心が高い「ライオン」「しまうま」「カンガルー」の三種の「どうぶつの赤ちゃん」について説明されています。一年生にも理解しやすいような表現が多く使われているので、子どもの関心を持続させながら読み取ることができました。ただし、「目や耳は、とじたままです」「やぎぐらいのおおきさがあります」といった、目前にしないとイメージしにくい表現も含まれているので、学習の際は注意が必要でした。

本教材の課題提示文である「生まれたばかりの赤ちゃんがどんなようすか」「どのように大きくなっていくか」を読み取るだけでは、「動物の赤ちゃんにはいろいろなようすがある」「いろいろな育ち方がある」という表面的な理解しか得られません。本教材の読み取りの醍醐味は、「なぜこのような違いがあるのか」という疑問を子どもに抱かせ、肉食動物・草食動物の二種を比較検討し、

○市販通信教材を家庭でやっている子どもが多かった。その他学習塾に通っている子どもを含めると、半数以上の子どもが予習を行っていることになる。

自然の摂理について考えさせることにあります。そのためには、捕食・被捕食動物の走り方や生態などにも言及していかなくてはなりません。

ライオンとしまうまは両者ともおよそ時速六十キロメートルで走りますが、ライオンは瞬発力に優れ、しまうまは持久力に優れています。同じ速度でも狩りをするため・逃げ切るための機能を備えているのですが、このような、説明文に記述されていない説明も必要になってきます。そこで、子どもの疑問をあらかじめ想定しておき、子どもの知的要求に応えられるように教材分析をおこなっておかなくてはなりません。

序論には「うまれたばかりのときは、どんなようすをしているのでしょう」「どのようにして大きくなっていくのでしょう」の二点が課題提示されており、本論には内容を比較しやすいように、それぞれの動物の赤ちゃんについて「外見」「歩行」「授乳期」「えさを食べ始める時期」の四点が説明されています。結論は述べられていません。

本論の説明から、課題提示された二点を読み取っていくことが求められますが、さらに読み取った内容をまとめ、比較することで、肉食動物・草食動物の特性が見えてきます。そのため、本教材のまとめとして比較表を作成し、話し合いを行うことで、読みを深めていくことができると考えました。

①ライオンについて

ライオンは、哺乳綱ネコ目ネコ科ヒョウ属に分類される、肉食動物です。主

（食肉目ネコ科）

○教材が育てる子どもの認識がどのようなものかを考えることが大切だ。

○子どもの読みを予測しながら教材研究を進める。

な生息地はアフリカ大陸です。通常は雄一頭に対して雌が複数頭の小規模な群れをなしており、縄張りを形成して生活します。雄は生後二～三年で群れから追い出され、同じ群れで育った雄と共同生活をし、やがて新たな群れを形成していきます。

主に雌が集団で狩りをし、時速六十キロメートルで走ることができます。しかし、持久力はないので、獲物に気づかれないように近づいてから攻撃を仕掛けます。獲物に逃げられたら、狩りは失敗です。獲物は、シマウマ・スイギュウ・ヌーなどです。時には、ハイエナなど、他の肉食動物が仕留めた獲物を横取りすることもあるようです。

群れに赤ちゃんが生まれると、母となった雌以外からも共同で育てられるようです。ライオンの赤ちゃんは弱く、他の肉食動物に狙われるばかりか、草食動物も踏み殺そうとするようです。草食動物にとっては、驚異となる前に退治しようということかもしれません。

②しまうまについて

シマウマは、哺乳綱ウマ目ウマ科ウマ属に分類される草食動物のうち、白黒の縞模様を持つものの総称です。サバンナシマウマ、ヤマシマウマ、グレービーシマウマの三種類があります。この教材で扱われているのはサバンナシマウマだと推測されます。ライオンと同じく、主にアフリカ大陸に生息しています。通常は雄一頭に対して雌が複数頭の小規模な群れをなしていますが、移動する

○説明されているものについて調べておくことが大切である。書き手の発想がわかり、子どもの読みを予測することができるからである。また、簡単な補足が授業中にできるようになる。

（奇蹄《きてい》目ウマ科）

際に数百頭の群れにもなるようです。

主に草を食べるので、獲物を狩る必要はないのですが、天敵のライオン・ハイエナ・リカオン・ワニなどに警戒しながら生活します。ヌー・トムソンガゼル・キリンなど、他の動物と群れをなすこともあるそうです。きっと、天敵の発見をより早くするために工夫をしているのでしょう。時速六十キロメートルで走ることができ、ライオンなどの肉食動物よりは持久力があります。ですから、天敵を早く発見し、逃げることができれば、狩られることはありません。独特の縞模様も、集団になったときに狙いを定めにくいという視覚効果があるようです。

群れに赤ちゃんが生まれると、しばらくの間、母となったシマウマは群れの仲間を子どもに近づかせないようにするそうです。赤ちゃんのシマウマは母となったシマウマの模様やにおいをその間に認識し、他のシマウマと区別できるようになるようです。

③カンガルーについて

カンガルーは、哺乳綱有袋類二門歯目カンガルー科に属される草食動物です。教材に取り上げられているのは、アカカンガルーと推測されます。オーストラリア大陸に生息し、最大で約百頭からなる大規模な群れを形成します。

主に草を食べて生活をし、天敵はいません。あえて言うなら、ディンゴか、もしくは人間でしょうか。交通事故や、駆除の対象になって殺されたり、現地

（有袋目カンガルー科）

では食用にもなっているようです。天敵がいないせいか、仰向けに寝るカンガルーもいるようです。育児嚢にいる赤ちゃんがつぶされないようにしているのかも知れません。

カンガルーの赤ちゃんは、体長約一センチメートルという、極めて未熟な状態で生まれてきます。赤ちゃんは生まれてすぐに母となるカンガルーの育児嚢をめがけて這いあがり、育児嚢の中にある乳首から授乳されます。六ヶ月ほど経つと、育児嚢から出て草も食べますが、しばらくは育児嚢に出たり入ったりしています。完全に育児嚢から独立するのは、十ヶ月ほどかかります。

四　全体の指導計画

1　指導目標

(1)どうぶつの赤ちゃんの生まれたばかりのようすや成長の過程を読み取ることができる。

(2)「どうぶつの赤ちゃん」について表にまとめ、比較して、特徴や違いなどを考えることができる。

(3)どの「どうぶつ」も、赤ちゃんが育つようになっていることに気づく。

(4)自分の考えを、自分のことばで発表できる。

(5)文章に使われている表現に注意して読むことができる。

(6)読み取った内容を、表現読みすることができる。

○ライオンとしまうまは、同じアフリカ大陸に生息し、「肉食動物」「草食動物」の特徴を話し合うことで、それぞれの赤ちゃんの特徴の読みが深まると考えた。しかし、カンガルーはオーストラリア大陸に生息し、天敵もほとんどいない（あえていえばディンゴ）。有袋類という、子どもの興味を引き出す教材ではあるが、ライオンやしまうまと比べるには複雑な要素が多すぎるので、比較する対象にはしなかった。

２　指導計画

◆第一時　題名読み　第一段落「課題提示」

◎題名を読んで、作品の内容について予想をすることができる。

◎教材が説明文であることを理解することができる。

◎筆者の課題提示を理解し、ワークシートにまとめることができる。

◎ワークシートに、課題について予想をし、自分の考えを書くことができる。

○書きこみ記号と傍線を書くことができる。

○小見出しを書くことができる。

◆第二時　第二段落「ライオンの赤ちゃんのようす」

◎ライオンの赤ちゃんが生まれた時のようすをワークシートにまとめることができる。

・子ねこぐらいの大きさ

・目や耳はとじたまま

・よわよわしくて、おかあさんにあまりにていない

◆第三時　第三段落「ライオンの赤ちゃんの移動方法」

◎ライオンの赤ちゃんの移動方法をワークシートにまとめることができる。

・生まれたときにはじぶんであるくことができない

・よそへいくときはおかあさんにはこんでもらう

○「」内は、教師が便宜上付けた小見出し。子どもと授業の中で付けた小見出しは「五　授業の実際」を参照。

○「◎」印は、第二時以降も共通する目標なので、以降は省略。

◆第四時　第四段落「ライオンの赤ちゃんの食事」
◎ライオンの赤ちゃんが成長とともに食べ物が変わるようすをワークシートにまとめることができる。
・二か月ぐらいは、おちちだけのむ
・やがて、おかあさんのとったえものをたべはじめる
・一年ぐらいたつと、えもののとりかたをおぼえてじぶんでつかまえてたべる
◆第五時　第五段落「しまうまの赤ちゃんのようす」
◎しまうまの赤ちゃんが生まれた時のようすをワークシートにまとめることができる。
・やぎぐらいの大きさ
・目はあいていて、耳もぴんと立っている
・しまのもようもついていて、おかあさんにそっくり
◆第六時　第六段落「しまうまの赤ちゃんの移動方法」
◎しまうまの赤ちゃんの移動方法をワークシートにまとめることができる。
・生まれて三十分もたたないうちに、自分で立ち上がる
・つぎの日には、はしるようになる
・おかあさんやなかまといっしょににげることができる
◆第七時　第七段落「しまうまの赤ちゃんの食事」
◎しまうまの赤ちゃんが成長とともに食べ物が変わるようすをワークシートに

○「しまうまの赤ちゃんは、生まれたときに、もうやぎぐらいの大きさがあります」と説明されているが、「やぎ」の大きさを子どもは知らないので、実物大のしまうまの赤ちゃんの絵を教室に掲示した。最終的にはライオンの赤ちゃんの実物大の絵と、カンガルーの赤ちゃんの実物大の絵も並べた。

まとめることができる。
・おちちだけのんでいるのは、七日ぐらいのあいだ
・そのあとは、おちちものむが、じぶんで草もたべるようになる
◆第八時　ライオンとしまうまの違いをワークシートにまとめる
◎第二段落～第七段落に書かれている内容をワークシートにまとめることができる。
◆第九時　第八段落「カンガルーの赤ちゃんのようす」
◎カンガルーの赤ちゃんが生まれた時のようすを読み取ることができる。
・一円玉ぐらいのおもさ
・目も耳も、どこにあるのか、まだよくわからない
・はっきりわかるのは、口とまえあしだけ
◆第十時　第九段落「カンガルーの赤ちゃんがおなかの袋に入るようす」
◎カンガルーの赤ちゃんがおなかの袋に入るようすを読み取ることができる。
・小さなまえあしで、おかあさんのおなかにはい上がっていく
・赤ちゃんは、おかあさんのおなかのふくろにまもられてあんぜんである
◆第十一時　第十段落「カンガルーの赤ちゃんの食事」
◎カンガルーの赤ちゃんが成長とともに食べ物が変わるようすを読み取ることができる。
・ふくろのなかでおちちをのんで大きくなる

・六か月ほどたつと、ふくろのそとに出て、じぶんで草も食べるようになる

◆第十二時　視聴覚教材視聴　単元の感想を書く

◎肉食哺乳類、草食哺乳類、カンガルーのようすを動画で見ることにより、説明文に書かれている記述を具体的に知ることができる。

・視聴覚教材名「こんにちは！　動物の赤ちゃん２０１２」（二〇一二年一二月一五日午後七時三〇分～　ＮＨＫ総合）

◎単元を通して学習したことについて、感想文を書くことができる。

五　授業の実際

1　一読総合法の指導

三―１「児童の実態」の項で記したように、この教材が一読総合法を最大限に活用した実践だったので、子どもには最初からていねいに学習規律を教える必要がありました。しかし、一年生ですから、一度に多くのことを覚えることは不可能です。単元に入る前から少しずつ学習規律を教えるようにしました。これらの学習規律は、国語以外の授業にも通用するので、しっかりと教えておくと、授業がしやすくなります。

(1)発表のしかた

一年生にとって、発表のしかたを教えることが学習規律で一番むずかしい指導だと思います。自分が発表する時、友だちの発表を聞いて賛成する時、違う

○ＮＨＫ総合では、二〇〇七年から年末の時期に特別番組として、「こんにちは！動物の赤ちゃん」が毎年放送された。毎回、飼育員しか撮影できない貴重映像が放送されており、特に二〇一二年版は、カンガルーの赤ちゃんが四分間のうちにおかあさんの袋の中にたどり着く動画が放送された。

意見を言いたい時、付け足しの意見を言う時、発表に困っている友だちを助ける時など、さまざまな場面が授業中には考えられますが、それを規律なしに発言していくと授業は大混乱をきたします。

教師は指導者でありますが、子どもの発表に関しては上手な司会者とならなくてはなりません。自分が司会をしやすいように、子どもたちに発表の時のルール作りをしました。

①発表をする時

手を挙げて、「はい」と一回だけ言うようにしました。一年生は発表したい時に何回も「はいはいはい」と大声でくり返してしまいますが、「上手に手を挙げている子に発表してもらおうか」という教師の一言だけで、姿勢よく上手に手を挙げます。また、発表する時はイスを机の中に入れないようにします。

発表では、「○文目で発表します」や、「〜のところで発表します」と、自分が教材文のどの部分について発表するかを明確にします。これによって、発表を聞く側にわかりやすい発表ができるようになるとともに、発表する子ども自身も、自分の意見をまとめやすくなります。

話し合いが盛り上がってくると、手を挙げずに、つぶやくように発表する子どももいます。放っておくと、次々につぶやきが出て収拾がつかない恐れもあります。本学級では、恐れずにこのつぶやきを大切にしてきました。学習に大切なキーワードは、つぶやきから出てくることが多く、つぶやきをうまく拾う

○発表するたびに、子どもはイスを机に入れたがるのだが、たくさん発表の機会を作ると、かなり時間を消費してしまう。イスを入れる時間を省くと、その分、授業の時間を有効に使える。
○前置き発言があると計画的な指名がしやすくなる。

と、とても良い話し合いになります。子どもたちも成長と共に、テンポとタイミングの良いつぶやきをするようになりました。つぶやきには技術がいるのです。

②発表を聞く時

どこの学校でも指導されているのではないかと思いますが、発表する友だちの方を向いて、発表を聞きます。発表が終わった後には、「はい」と一回返事をします。これが「発表を聞きました」という合図になります。返事がないということは、聞こえなかったか、わかりにくかったかの判断もできます。もちろん、聞こえなかったときは「もう一度言ってください」と反応するようにします。

③続けて意見を発表する時

友だちの発表を聞いて、同じ意見をくわしく言いたい子どもや、反対意見を言いたい子どももいます。その時は優先的に発言ができる手の挙げ方をします。くわしく言いたい子どもは「付け加えます」と言いながら手を挙げます。反対意見を言いたい子どもは、「ほかにあります」と言いながら手を挙げます。一年生でも、この程度のことであればすぐに覚えます。

(2)ひとり読みのしかた

ひとり読みは、教材文に傍線を引いたり、自分の考えを書きこんだり、書き

○前置き発言の指導で学習規律がつくられていく。

出したりするものですが、一年生は何を書いていいのかわからずにとまどいます。ですから、考えやすいように書きこみ記号を作りました。書きこみ記号の下に赤鉛筆で傍線を引いて、その右側に鉛筆で自分の考えを書くように練習しました。これは文学教材「ひとりぼっちのライオン」を実践したときに、子どもたちは覚えることができました。

(3)具体化のしかた

子どもたちが一番好きな発表が、具体化です。とくに体を使った具体化、つまり教材文に書かれているとおりに行動することが大好きです。これは一年生の初旬からできます。たとえば、「おおきなかぶ」の教材で、実際におじいさんになってかぶを抜くシーンを劇のように再現する等も具体化になります。

←これらの四コマ漫画は、週に一回出す学級だよりに載せたもの。保護者からは「学級のようすがよくわかる」と好評だった（年間で四九作品）。ちなみに、「あかちゃんぽいぽい」とは、「赤ちゃんみたい」だということ。

「どうやってみをまもるのかな」という説明文教材で、アルマジロになって身を守る遊び「あるまじろごっこ」をしました。アルマジロになった子は敵が来たらくすぐられないようにお腹を守り、敵が遠ざかったときに移動します。これによって、アルマジロの移動方法や、敵が来たときの身の守り方を、体を使って学習することができました。

2　立ちどまりごとの展開

まず、今回の実践では、立ちどまりすべてに共通する展開にしています。一年生の子どもは、指示を聞いて行動することが苦手ですが、授業の展開を覚えてしまうと、「次はこれをするんだ」と見通しを立てやすいので、スムーズに学習することができます。子どもも、やることがわかっていた方が安心するようです。今回の実践では、次のような手順の授業展開をおこないました。

(1)前回の授業で勉強したことを発表する。
(2)教材プリントが配られる。
(3)教師の※範読を聞く。
(4)※ばらばら読みをする。
(5)ひとり読みをする。
(6)集団読みをする。

※範読は、教師の表現読みが子どもの先入観となってしまう恐れがあるので、あまりお勧めできない方法だが、漢字が苦手な子どもや、文字区切りでうまく読むことのできない子どもがいたので、あえて範読を入れた。
※ばらばら読みは、各自のペースでの音読のこと。

・わからないことばを話し合う。
・思ったことを話し合う。
(7)ワークシートにまとめる。
・自分でワークシートに記入する。
・ワークシートにまとめた内容を発表し、答え合わせをする。
(8)小見出しを書く。
・自分で小見出しを考え、書く。
・書いた小見出しを発表する。
(9)表現読みを発表する。
(10)教材プリントを画用紙ファイルにのり付けし、提出する。

授業の時間が足りないときは、「(9)表現読みを発表する」が省略されがちなので、時間配分を考えて授業をしなくてはならないと反省をしています。

また、集団読みでは、わからないことばの発表と思ったことの発表を区別しています。これは、わからないことばを最初に解決しておいて、思ったことを話し合った方が、子どもたちが思考しやすいと考えたためです。しかし、研究授業の後の話し合いの検討会で、「わからないことばを説明する過程で読みが深まるポイントがあるので、あえてわからないことばと思ったことを分けずに、一文目から話し合った方が良い」という指摘もいただきました。

○わからないことば、難語句の指導には工夫がいる。

◆第一時　小見出し「赤ちゃんがどうやって大きくなるか」

①教師の読み

まず最初は、「どうぶつの赤ちゃん」について、題名読みが必要だと考えました。ここは、子どもに任せて自由に話し合う活動を取り入れたいと考え、ワークシートの表紙にどうぶつの赤ちゃんの絵を描くようにし、少しでも子どもが話を想像しやすくなるようにしました。

第一時で押さえなくてはならないことは、この題材が「説明文であること」「筆者は増井光子さんであること」「第一段落に課題提示がされていること」だと考えました。

そして、授業をおこなう上での学習規律を、この第一時に子どもたちに教えました。ワークシートの表紙は画用紙で作りましたが、それに一枚ずつ立ちどまりごとのワークシートを貼っていきます。その方法や、書きこみ記号、ひとり読みのしかた、発表のしかたなど、教えることがたくさんありました。

②目標（指導計画に掲載。以下同じ）

③板書例

▼ワークシート第一時

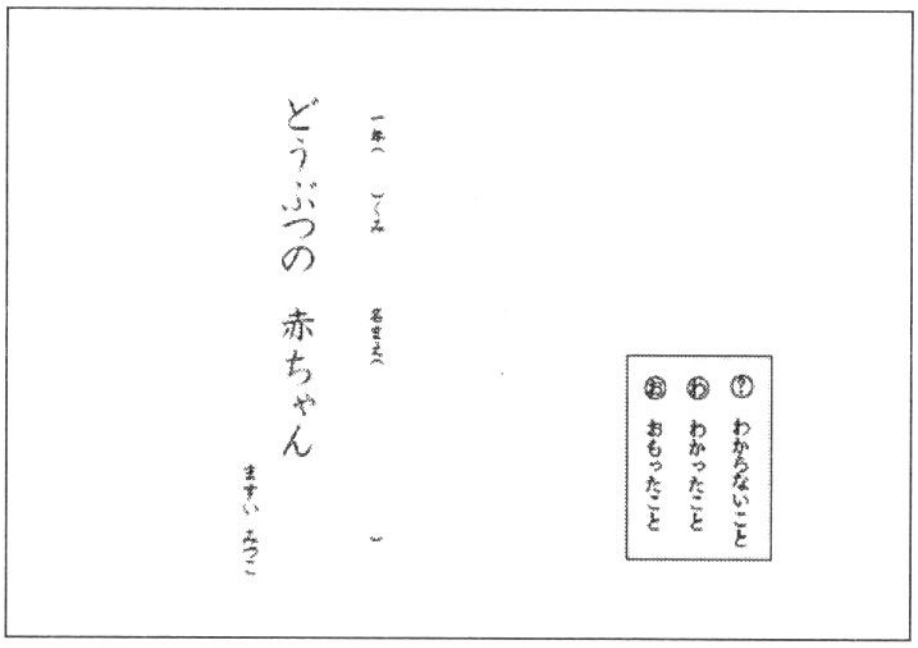

どうぶつの赤ちゃん

ますい　みつこ　↑ひっしゃ

どんなおはなしでしょう

○どうぶつの赤ちゃんのおはなし。

○どうぶつの赤ちゃんがどうやって生まれてくるか、せつめいしている。←せつめい文

?

「ようす」

↓やっていること

↓すがた、かたち、いろ、うごき

お

○おおきくならないどうぶつもいるのかな

○どうぶつの赤ちゃんも人げんみたいに大きくなる

○人げんとちがうくらしをしている

きかれていること

どうぶつの　赤ちゃんは、

○子どもの発言を、できるだけたくさん黒板に書いていくようにしている。子どもの発言を黒板に書くときは、子どもの名前が書かれたマグネットを貼る。そうすることで、だれの発言内容であるかがよくわかり、発言する児童も、マグネットを貼られることで、授業への満足感が増す。

①生まれたばかりのときは、どんなようすをしているのでしょう。
②どのようにしておおきくなっていくのでしょう。

かだいていじ文

小見出し

○赤ちゃんがどうやって大きくなるか

④子どもの読み

題名読みでは、「どうぶつの赤ちゃんというお話は、どんなお話だと思う？」と声がけをしました。子どもたちはこの時点で、物語教材であるか、説明文教材であるかも判断できませんので、「いろいろなどうぶつの赤ちゃんが出てきて遊ぶ話」など、ファンタジックな考えを発表していました。

プリント教材を配った後は、「この教材が説明文であること」「ますいみつこさんが説明をしていること」をまず確認しました。

子どもたちにわかりにくいのが、「課題提示」です。「どうぶつの赤ちゃんは、生まれたばかりのときは、どんなようすをしているのでしょう。そして、どのように大きくなっていくのでしょう」と、筆者が問いかけています。「これは、増井光子さんが、みんなに聞いているんだよね」と声がけをすると、「ちがうー！」「増井光子さんが教えてくれようとしてるんだよー」と、反対の意見が飛び交いました。これから説明しようとすることを、わざわざ問いかける、

○課題が二つ提示されている。一つにまとめたのは話し合いの結果である。

これを課題提示だと説明しました。むずかしいことばですが、一年生にも教えました。

書きこみ記号は、「?わからないこと」「わわかったこと」「おおもったこと」の三つを作りました。書きこみ記号の使い方や、傍線の引き方も教えたので、第一時は充実していました。小見出しはみんなで意見を出し合って決めました。

◆第二時　小見出し「ライオンの赤ちゃんのようす」

①教師の読み

第二時は、ライオンの赤ちゃんが生まれたときのようすを読みとりました。ここで気をつけなくてはならないのが、作者の表現を子どもが間違って理解することです。

「ライオンの赤ちゃんは、生まれたときは、子ねこぐらいの大きさです」という一文だけでも、子ねこを見たことのある子どもと、見たことのない子どもで大きな理解の差があります。

「目と耳は、とじたままです」という文でも、目を閉じることが理解できても、耳を閉じるということが理解できないのです。「ライオンは、どうぶつの王さまといわれます」という文は、だれに言われているのかが説明されていません。三六人の子ども全員が読み取りをするには、たくさんの話し合い活動が必要だと考えました。

○「問題の文」→「答えの文」と捉えるやりかたもあるが、「課題提示」の用語を使った。

○比喩表現ではたとえられているものをどう認識するかで、結果・理解が違ってくることがある。

○インターネットを利用する場合、「ライオン　赤ちゃん」という日本語のキーワードで検索するよりも、「lion baby」と、英語で検索する方が、たそして、この時間から、表の作成が始まりました。大きさ・目・耳・親と比べてどのような違いがあるかをワークシートに書きこみ、理解しやすくするようにしました。

②板書例

どうぶつの赤ちゃん
ライオンの赤ちゃん
ますい　みつこ

ライオンの赤ちゃんの写真（目や耳が閉じているようすがわかるもの）

？

「よわよわしくて」

↓よわい
「子ねこぐらい」

↓

子ねこの実物大の絵を描く

「あまり」
↓ちょっと
↓そんなに
「けれども」
↓しかし
↓だけど

くさんの動物の写真が出てくる。

(お)

○なんでどうぶつの王さまなの？

↓百じゅうの王といわれている。

↓百ばいのどうぶつの力があるのかな？

大きさ	こねこぐらい
目	とじたまま
耳	とじたまま
おやとくらべて	あまりにてない

見えない
聞こえない

(お)

○目や耳がみんなとじている

小見出し

○ライオンの赤ちゃんのようす

③子どもの読み

いよいよ説明を読み始めに入りましたが、最初ですから、ひとり読みの練習、話し合いの練習、ワークシートに書きこむ練習をしながら進めました。子どもたちは、わからないことに(?)をつけることはすぐに覚えましたが、(わ)(お)をどう書いていいのかわからないようすでした。

机間指導の時に十二色カラーボールペンを用意しておき、毎回違う色で、い

○生まれた時のようすを「大きさ」「目」「耳」「親と比べて」の四項目で整理する。

○理解したことと、感想や意見を分けることは、一年生にとってむずかしい。

い書きこみに花丸をつけていきました。とてもいい書きこみには二つも三つも花丸をつけていき、それを発表してもらうと、「こういうふうに書いたらいいんだ」と他の子どももわかったようです。

予想していたように、「なぜライオンは王さまなの？」という疑問が出てきました。話し合いの中で、ディズニーの『ライオンキング』の話を知っている子どもがいたり、「百獣の王」ということばを知っている子どもがいたので、知識の共有ができました。

小見出しは、同じようにみんなで話し合って、一つにまとめました。

◆第三時　小見出し「ライオンの赤ちゃんがあるけないこと」

①教師の読み

「ライオンの赤ちゃんは、じぶんではあるくことができません」という一文は、「人間の赤ちゃんといっしょだ」という子どもの反応があると予想できました。

問題は、「よそへいくときは、おかあさんに、くちにくわえてはこんでもらうのです」という一文です。

「口にくわえる＝噛む」ことですので、子どもたちは「いたくないのかな」「まちがってたべられないかな」と心配することが予想されました。ここでも、掲示用の写真を用意しておき、説明を加えることが必要だと考えました。

②板書例

○はげましの方法の工夫で発言する気持ちを育てる。

▼第二時ワークシート

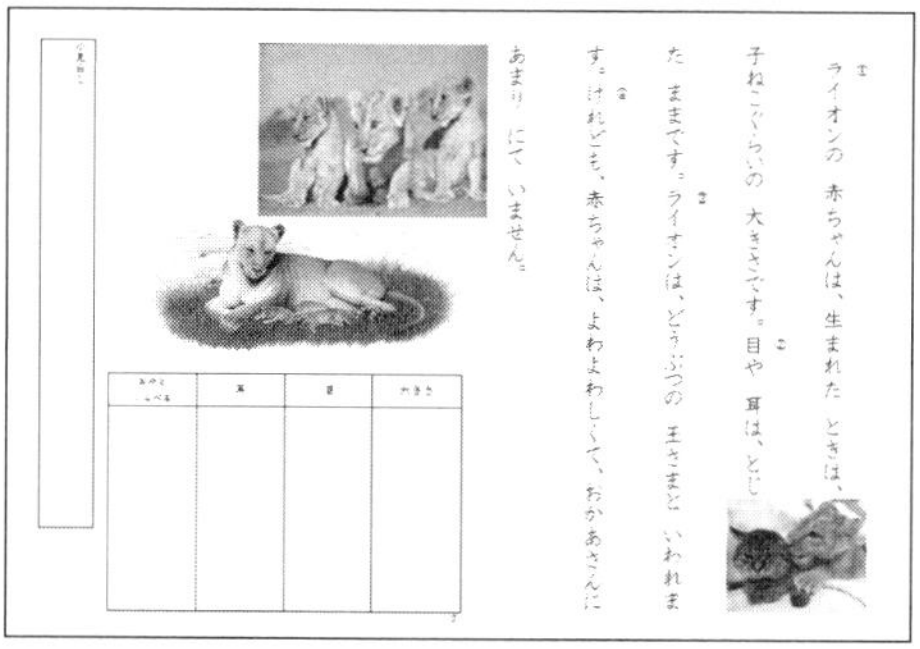

どうぶつの赤ちゃん
ライオンの赤ちゃん　　　　ますい　みつこ

(?)「よそ」
↓めったにいかないところ
↓ちがうところ

(わ)○ライオンの赤ちゃんは、あるけない。口にくわえてはこんでもらう。
←
○あるける赤ちゃんはいない。

(お)○口でくわえたら、歯にあたってしんじゃうかもしれない。
←→
○くびのところをよわくかむからいたくないとおもう。
○おかあさんがいなかったら、じぶんで生きのびるしかない。
←→
○見えないし、きこえないし、あるけないから生きられない。
○ともだちのおかあさんがおせわしてくれるとおもう。

足	あるくことができない
よそへいくとき	おかあさんに口にくわえてはこんでもらう

○「ともだちのおかあさんがおせわをしてくれるとおもう」というのは、ライオンの群れの中の別の雌が赤ちゃんを育てるということか…。この子どもの意見は、ライオンの生態系からすると、間違ってはいない。

小見出し

○ライオンの赤ちゃんはあるくことができない
○ライオンの赤ちゃんのおでかけ
○ライオンの赤ちゃんのいどうするようす

③子どもの読み

この授業では、予想していたように「口でくわえる」というところにひっかかる子どもがたくさんいました。掲示用写真も用意し、教材テキストにも載せていたのですが、その写真を見て「痛そう」「死んじゃうかもしれない」と子どもたちが心配していました。猫を飼っている子どもが「首の後ろの所はいたくないんやで」と発表してくれました。

意外だったのが、大阪ではよく使う「よそ」という単語が、よくわからない子どもが数名いたことです。板書例にも書きましたが、子どもは「よそ」を「めったにいかないところ」と発表してくれました。「ほら、よそ行きの服を着てお出かけするとか言うやん！」と、なるほど、子どもたちも生活で語彙を蓄えているのがよくわかりました。

この授業から、小見出しを自分で考えて書くようにしました。「今日勉強したことを、短い文で書くんだよ」という説明ですぐ理解して書けるようになる子どももいましたが、自分で考えて書くことに自信がない子どもが多かったで

○友だちの発言を聞くことで認識が深まることが多い。

す。「後で先生が見て、間違っていたら直してあげるから、思い切って書いてみて」と声がけすると、安心したのか全員が書けるようになりました。小見出しの発表では、三人ぐらいの意見を板書し、評価することで、小見出しを書く練習になりました。しかし、それでもまだこの時点では、三分の一ぐらいの子どもが、適切でない小見出しを書いていました。プリントを点検した時に、修正しておくようにしました。

◆第四時　小見出し「ライオンの赤ちゃんのたべもの」

①教師の読み（省略。「教材化の視点」や「指導計画を参照）

②板書例

どうぶつの赤ちゃん
　ライオンの赤ちゃん
　　　　　　　　ますい　みつこ

？
「やがて」
　↓そのうちに
「えもの」
　↓えさ
↓えさにするためにとったもの

○プリントを使うことで多様な指導が可能になる。

▼第三時ワークシート

ライオンの　赤ちゃんは、じぶんでは　あるく　ことが　できません。よそへ　いく　ときは、おかあさんに、口に　くわえて　はこんで　もらうのです。

わ
○生まれて二ヶ月ぐらい
↓おちちだけのむ。
○やがて
↓えものをたべはじめる

お
○にんげんの赤ちゃんは、もっとおちちだけをのむ。
○ライオンの赤ちゃんは、おちちをのんだらねているのかな。
○ライオンの赤ちゃんは、よわよわしいから、かむ力がない。
○えもののはなにかな。

しまうま
すいぎゅう
ヌー

わ
○一年ぐらいたつと
↓えもののとりかたをおぼえる。
○そして
↓じぶんでつかまえてたべる

お
○えものをとるとき、あぶなくないかな。

・あぶないこともある
・はじめはおかあさんがついている

二ヶ月ぐらい	おちちだけ
やがて	おかあさんのとったえもの
一年ぐらい	えもののとりかたをおぼえる
そして	じぶんでつかまえたえもの

小見出し

○ライオンの赤ちゃんのたべもの
○ライオンの赤ちゃんがえものをつかまえるようになるまで

③子どもの読み（省略）

◆**第五時　小見出し「しまうまの赤ちゃんのようす」（略）**

①教師の読み（省略。「教材化の視点」や「指導計画を参照）
②板書例

どうぶつの赤ちゃん
　しまうまの赤ちゃん
　　　　　　　ますい　みつこ

？

「もうやぎぐらいの大きさ」

▼第四時ワークシート

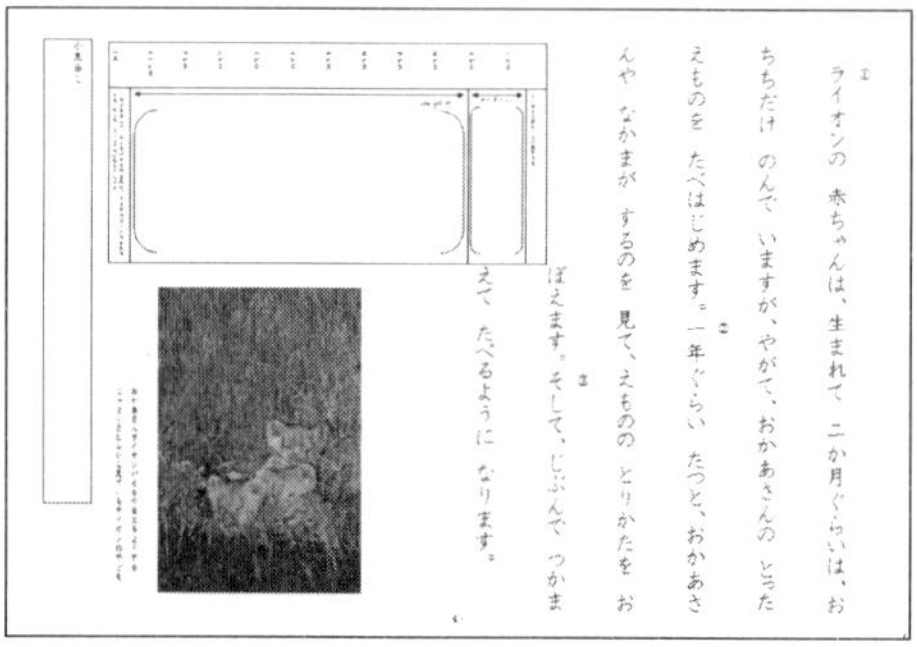
ライオンの　赤ちゃんは、生まれて　二か月ぐらいは、おちちだけ　のんで　いますが、やがて、おかあさんの　とったえものを　たべはじめます。一年ぐらい　たつと、おかあさんや　なかまが　するのを　見て、えものの　とりかたを　おぼえます。そして、じぶんで　つかまえて　たべるように　なります。

↓そのうちに

わ

○生まれたときに、もうやぎぐらいの大きさ
↓ライオンの赤ちゃんより大きい。
○目はあいていて
↓目がみえる
○耳もぴんとたって
↓きこえる
○しまのもようがある
↓いろはちゃいろ
○おかあさんにそっくり

お

○ライオンの赤ちゃんよりしっかりしている。
○やぎって、どれぐらいのおおきさなかな。

・実物大の絵をみせる

○おかあさんいそっくりだけど、ちがうところもある。
↓からだは小さい
↓しまもようがちゃいろ
↓たてがみもちいさい

大きさ	やぎぐらい
目	あいている
耳	ぴんとたっている
おやとくらべて	そっくり

小見出し

○おかあさんにそっくりなしまうまの赤ちゃん

○しまうまの赤ちゃんのようす

③子どもの読み（省略）

◆第六時　小見出し「しまうまの赤ちゃんのあるけるようす」

この授業は、「豊中市立小中学校教育研究会」（市教研）の中で、公開研究授業としておこないました。（「六　授業記録」の項に、教師と子どもの発言をすべて記載していますので、ご参照ください）

①教師の読み

この立ちどまりは、他の立ちどまりに比べると難解な表現がたくさん出てきます。三文で構成されていますが、一文目の「しまうまの赤ちゃんは、生まれて三十ぷんもたたないうちに、じぶんで立ち上がります」が一年生にとっては難解です。「三十分で立ち上がる」と記されていれば容易に理解できますが、

▼第五時ワークシート

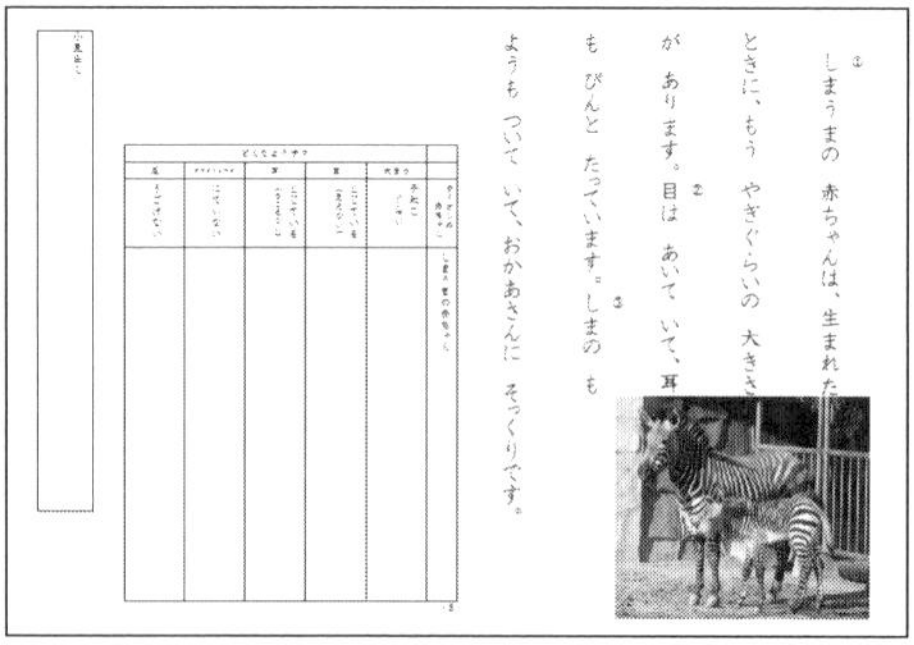

「三十分までに」となると、時間の感覚も読解力の中に含まれます。時間の感覚は、キッチンタイマーを三十分に設定して、時間の流れをつかませるように考えました。また、ことばの意味として「三十分経たないうちに立ち上がる」ということをおさえるように考えました。

二文目の「そして、つぎの日には、走るようになります」は、子どもが驚きはしますが、素直に読めると考えました。

三文目の「だから、つよいどうぶつにおそわれても、おかあさんやなかまといっしょににげることができるのです」では、まず、「強い動物とは何か」を考える必要があります。このために、生活科で、「どうぶつのえさをしらべよう」という授業を事前におこないました。ライオンやしまうまはもちろん、馬、コアラ、パンダ、チーターなど、コンピュータの動物図鑑を使って調べました。子どもたちが調べたいろいろな動物のえさを表にまとめていくと、「ネコの仲間は肉食である」「ウマの仲間は草食である」ということが理解できました。その生活科の授業が、本時の授業に生かされるように考えました。

②板書例

○豊中市の市教研は、年間で九回。小中学校の教職員のほぼすべてが何らかの市教研に属し、この公開研究授業は「豊中市児童言語研究会」で研究されてきた授業。

○インターネットのキッズページには、動物図鑑など、調べるために必要な画像や情報がある。一年生は、検索文字を打ち込んで検索することがむずかしいが、キッズページでは、カテゴリを選ぶことで目的の情報にたどり着けるように工夫されている。また、よみがなをつける機能を備えたキッズページもあるので、これらを利用すれば、一年生でもインターネットでの調べ学習はやりやすい。

どうぶつの赤ちゃん
しまうまの赤ちゃん　ますい　みつこ

(?)
「三十ぷんもたたないうちに」
↓二十九ふんまでに
「じぶんで」
↓わたし・ぼく
「おそわれても」
↓さらわれる
↓たべられる
「だから」
↓文と文をつなぐことば

(お)
○しましうまの赤ちゃんは三十ぷんもたたないうちに立ち上がる。
○「つよいどうぶつ」ってなに？
○トラ・ライオンなど　←
○にくしょくどうぶつ

○チーター・ハイエナ・リカオン
○にげられないしまうまは、たべられる。
○しまうまの赤ちゃんが生まれたときにライオンがきたらどうなるの？

生まれた日	立てる
つぎの日	走れる
よそへいくとき	なかまといっしょにいける

小見出し
○しまうまの赤ちゃんのあるけるようす
○しまうまの赤ちゃんのよそへいくとき

③子どもの読み（「六　授業記録」に掲載）

◆**第七時　小見出し「しまうまの赤ちゃんのたべもの」**

①教師の読み（省略。「教材化の視点」や「指導計画を参照）
②板書例

どうぶつの赤ちゃん

しまうまの赤ちゃん　　ますい　みつこ

?

「たった」

↓ほんの。わずか

わ

○しまうまの赤ちゃんがおちちだけのんでいるのは、一しゅうかん（七日）ぐらい。

○しまうまは草をたべる

お

○おちちだけのんでいる日が、ライオンよりすごくみじかい。

○しまうまは草をたべるから

↓そうしょくどうぶつ

○はやくから、草もたべるのは、てきにおそわれないようにしっかり食べて、大なきくなるの。

○ライオンみたいにえものをつかまえるのは大へんだけど、草はかんたん。

○草がなくなったら、どうするの？

七日ぐらい	おちちだけ
そのあと	おちちと草

・草のあるところをさがしてうごく。

▼第七時ワークシート書きこみの例

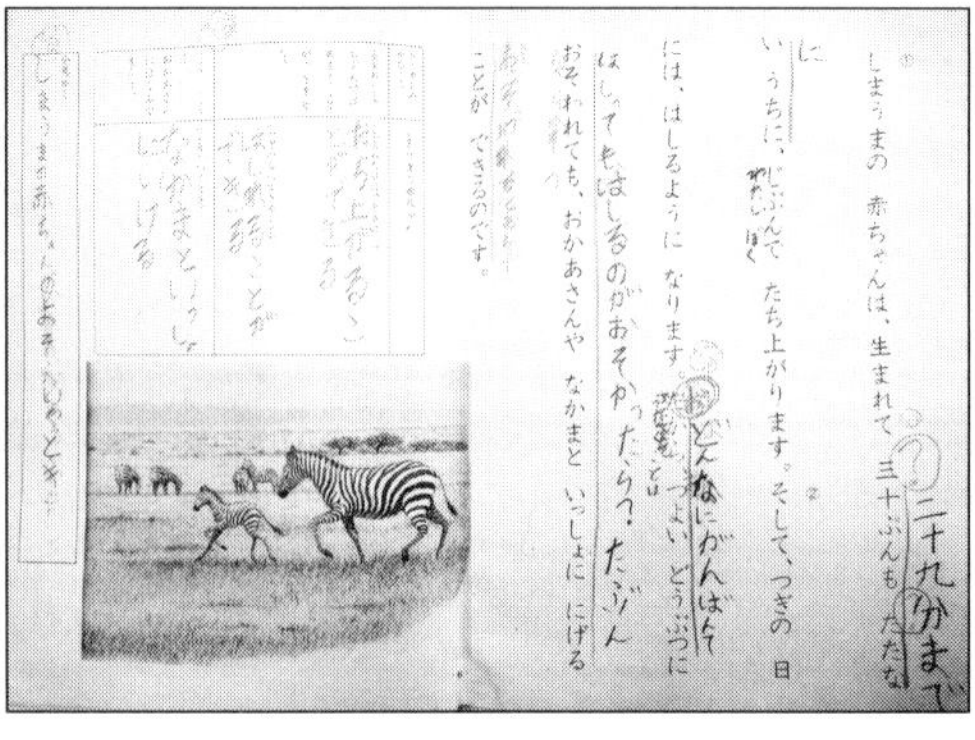

小見出し
○しまうまの赤ちゃんのたべもの
○はやくから草をたべるしまうまの赤ちゃん

③子どもの読み（省略）

◆第八時　ライオンとしまうまの違いをワークシートにまとめる

この授業では、ライオンとしまうまの違いを、一枚の大きな表にまとめていきました。この表ができる・できないが評価になると考えましたが、驚くことに、全員ができていました。（もちろん、少々の書き間違えもありましたが…。）毎時ワークシートの表をまとめることと、ライオンとしまうまの違いを話し合っていたので、比較して考える力がついていたのでしょう。理解に時間を要する子どもも含めて、みんなができていたことに驚きました。

○「どうぶつの赤ちゃん」をまとめよう

◆第九時　小見出し「カンガルーの赤ちゃんのようす」

この授業からは、補助教材としての「カンガルーの赤ちゃん」を学習しました。比較して読むことはしなかったので、単純に書かれていることだけを読むようにしました。

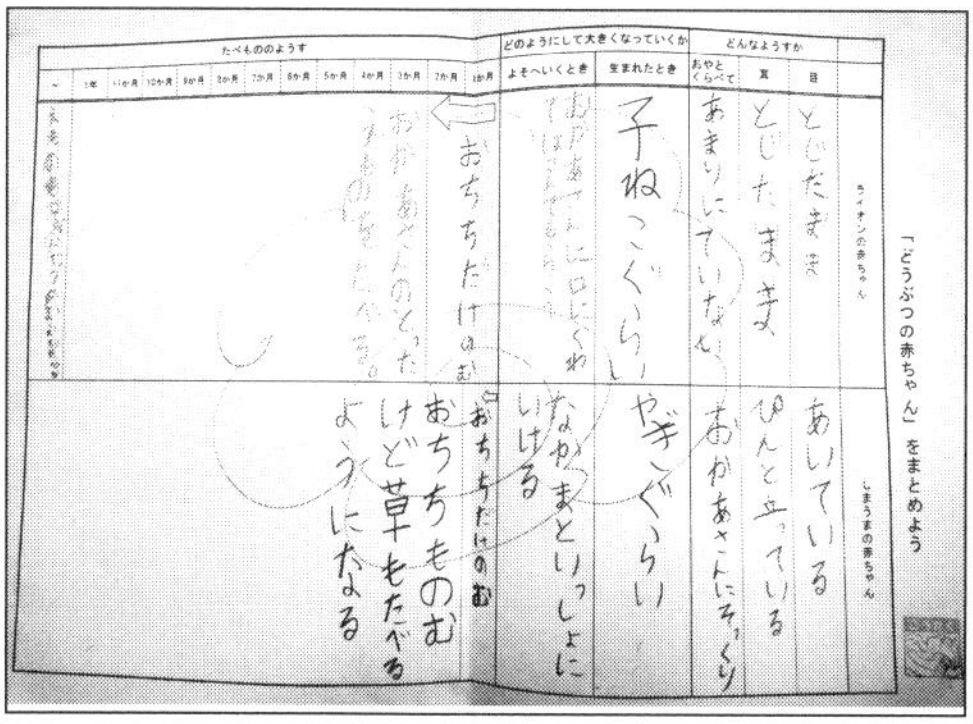

▼第八時ワークシート書きこみの例

◆第十時　小見出し「カンガルーの赤ちゃんがおなかのふくろに入る」（略）

◆第十一時　小見出し「カンガルーの赤ちゃんのたべもの」（略）

◆第十二時　視聴覚教材視聴　単元の感想を書く

「こんにちは！動物の赤ちゃん２０１２」には、ライオン・しまうまの赤ちゃんは登場しませんが、肉食動物であるのトラの赤ちゃんの目や耳が閉じているようすや、草食動物であるキリンの赤ちゃんが生まれてすぐに立ち上がるようすを見て、子どもたちはこれまで勉強してきたことが本当のことだと理解できたようでした。授業の中では写真を見せることで具体的理解を図ったのですが、動画になることでより深い理解につながったようです。とくに、カンガルーの赤ちゃんがお母さんの袋までよじ登っていくようすは想像しにくいものですが、動き方まで見ることができたので、子どもの疑問を一つ解決することができました。

視聴後に、この実践すべてを通して感想を書きました。一部紹介いたします。

○どうぶつの赤ちゃんのページがいつも一日一ページだけだからいつもドキドキしました。

○どうぶつの赤ちゃんはこうやって生まれてくるんだな、こうやってすむんだなとおもいました。おかあさんのカンガルーのふくろの中におちちがあるのをしりました。

○どうぶつはいっしょうけんめいいきています。きりんやみんなはいっしょう

▼第十時ワークシート

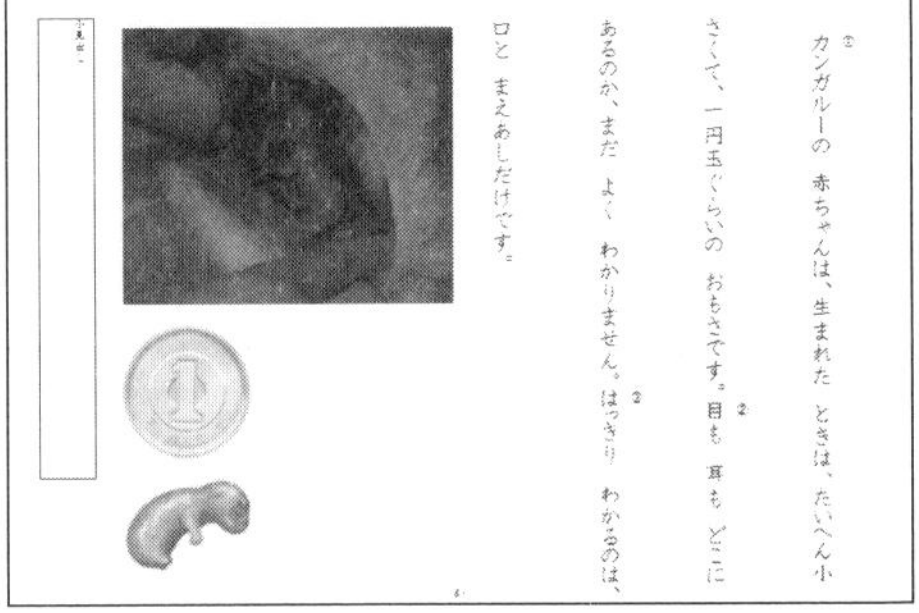

カンガルーの　赤ちゃんは、生まれた　ときは、たいへん小さくて、一円玉ぐらいの　おもさです。目も　耳も　どこにあるのか、まだ　よく　わかりません。はっきり　わかるのは、口と　まえあしだけです。

○学習中の自分について考えることができるのは大切なこと。

けんめいがんばっているとおもいます。

○べんきょうのときうまくはっぴょうできたらとてもうれしかったです。そしてそのべんきょうはいままでやったこくごで一ばんたのしいべんきょうでした。

六　授業記録

◆第六時の授業記録　（二〇一三年三月六日　十四時三十分　公開研究授業）

（Tは教師、アルファベットは児童、全は多数の児童）

T　（キッチンタイマーのスタートボタンを押す）それでは、前回勉強をしたことを発表して下さい。

A　しまうまの赤ちゃんのようすです。

T　しまうまの赤ちゃんの大きさはどのぐらいですか。

B　やぎぐらいです。

T　目と耳はどうなっていますか。

C　目は開いていて、耳はぴんと立っています。

T　おやとくらべて

D　にています。

E　いいかえます。そっくりです。

▼第十二時ワークシート

カンガルーの 赤ちゃんは、ふくろの 中で、おかあさんの おちちを のんで 大きく なります。そうして、六か月ほど たつと、ふくろの そとに 出て、じぶんで 草も たべる ように なります。

○キッチンタイマーを三〇分に設定し、スタートボタンを押した。授業開始後、三〇分経ったら鳴る（子どもに三〇分という時間感覚を教えるため）。

T　それでは、今日の動物は何でしょう。（教材プリントを裏向けに配る）
全　しまうま！
T　しまうまだと思う人！（はーい！）ライオンに戻ると思う人！（しーん）象さんだと思う人！（二人）ゼクロムだと思う人！（なんでやねん！）
T　いいかな、せーのーさんはい！（プリントを表にする）
T　みんな合ってたかな？
F　ゼブライカで合ってた。
T　はい、「ゼブライカやね、ってなんでやねん」。じゃあ読みます。（教師が範読する）「しまうまの赤ちゃんは生まれて三十分も経たないうちに自分で立ち上がります。そして、次の日には走るようになります。だから、強い動物に襲われてもお母さんや仲間といっしょに逃げることができるのです」はい、それではばらばら読みをして下さい。
全　（子どもは立ってはばらばら読みを始める。読み終わった子どもは席に着き、ひとり読みを始める。）
T　まず、わからないことばから発表して下さい。
G　一文目で発表します。「うちに」がわかりません。
T　これは「うちに」と読むのですか？
H　三十分もたたないうちに。
T　つなげた方がわかりやすいですね。これはどういう意味ですか？　では聞

○「ゼクロム」や「ゼブライカ」とは、ポケモンの名前。「ゼブライカ」は、しまうまによく似たポケモン。子どもは動物とポケモンは違うということを理解しているので、子どもたちも教師も大阪人らしく突っ込みを入れる。

○この時、黒板に数直線を書き、時間軸を可視化した。○分か

きます。二九分は「三十分もたたないうちに」に入りますか？
全　入ります。
T　じゃあ、三十五分は？
全　入らない。
T　じゃあ、三十分は？
全　入らな…い？。
T　三十分もたたないということは、三十分までということですね。じゃあ他のところでハテナ！
I　一文目で発表します。「じぶんで」がわかりません。
T　「じぶんで」がわからないか～。だれかわかりますか？
J　「わたし」という意味です。
T　じゃあ、「じぶんで立ち上がります」をやってくれる人！
（子どもが寝ている状態から、教師が引っ張り起こす）
これは「じぶんで立ち上がる」ですか？
全　ちがう～。
T　じゃあ、「じぶんで立ち上がる」をやってください。
全　（子どもが寝ている状態から、自分で立ち上がる）
T　他の人に手伝ってもらったら、「じぶんで」じゃないんやね。じゃあ、他にハテナあるかな？

ら四〇分までの時間軸を書き、「三〇分も経たないうちに」というのが「三〇分未満のうちに」であることを、一年生にわかるようにした。

〇ここで具体化の作業を入れた。わざと最初は間違えるようにして、「ちがう～」という子どもの反応を引き出すことができた。目の前に出されたものをすぐに受け入れるのではなく、批判的思考ができるような学習を心がけている。

K　三文目で発表します。「おそわれる」がわかりません。

T　むずかしいね。「おそわれる」ってどういうことやろうね？

L　「さらわれる」だとおもいます。

M　ほかにあります。「食べられそうになる」です。

N　「さらわれる」は人間の時や。

O　「ころされる」やない？

T　そうか～。しまうまの場合は、「おそわれる」って言ったら「食べられそうになる」ってことか～。この意見でいいですか？

全　はい。

T　他にハテナありますか？

P　三文目で発表します。「だから」がわかりません。

Q　「だから」は「だから」やろ～。

T　先生も「だから」はむずかしいことばだと思います。じゃあ先生が問題を言います。「はれています」「かさをもっていきます」この間に「だから」を入れてみたらどうだろう？　おかしいと思う人！

全　はーい。（ほぼ全員）

T　じゃあ何が入ったらいいだろう？

R　「けれど」です。

S　「だけど」です。

◯接続詞の学習は、以前にもしていたが、順接の接続詞と逆接の接続詞の違いを教えることに時間がかかった。ここではあまり時間をかけたくなかったので、このような指導になったが、もっと踏み込んで教えるべきだったと反省している。

U 「でも」です。

T 「だから」はおかしいね。文と文をつなぐことばだけど、「けれど」「だけど」とかとは違うんだね。ことばは全部わかったね。じゃあ思ったことを発表してもらいましょう。

（キッチンタイマーが鳴る）

T タイマーが鳴ったね。これね、授業が始まって三十分経ったってことです。覚えておいてね、何時に鳴ったかな？

C 三時！

T 三時に鳴ったね。覚えておいてね。では、一文目と二文目で発表してもらいましょう。

C しまうまの赤ちゃんが三十分も立ち上がらない赤ちゃんもいるのかな？わたしはいないと思います。

T じゃあ、みんな立ち上がるということだね。増井光子さんが教えてくれているもんね。で、先生がこのタイマー鳴らしたのは、授業が始まって三十分経ったときです。三十分ていうのは短かったかな？　短かったと思う人！

全 はーい。（半分ぐらい）

T じゃあ、しまうまの赤ちゃんが授業が始まるときに生まれました、ピピピが鳴ったときに立ち上がったら、それはどう？　早いと思う人！

全 はーい。（ほぼ全員）

○授業開始時にスタートボタンを押したキッチンタイマーが、ここで鳴った。この時間感覚を子どもに覚えるよう声がけをし、発表の時に話し合いの材料にしようと考えた。

○時間感覚の質問で、半分ぐらいの子どもが、三十分を短いと感じ、もう半分の子どもが長いと感じていました。これは「授業時間としての三十分」と子どもが考えたためで、質問が悪かったです。すぐに「しまうまが生まれてからの三十分」に修正しました。

T　V　超早い。

T　すごいよね。しまうまの赤ちゃんね、生まれたばっかりの時には赤ちゃんだから立てないんです。でも、ピピピが鳴る前に立てるようになるんです。

全　すごい〜。

W　その間に敵におそわれたらどうなるんやろ〜？

T　今、立つ前に敵に襲われたらどうするんやろって心配してますが、どうすると思う？

X　お母さんが守る。

Y　群れで、他のしまうまに助けてもらうと思います。

T　先生も多分そうやと思います。しまうまのしましまをよく見て下さい。なんでしましまだと思う？

Z　群れで固まって、一匹に狙いをつけられないようにするためです。

T　意味わかった？　ちょっとわかれへんという人！

全　はーい。（十五人ぐらい）

T　じゃあ、AさんとBさんとCさん、ちょっと前に出てきて下さい。（しましまの服を着ていた三人を呼び出す）

全　みんなしましまや！。

D　おれもしましまー。

T　じゃあ、D君もおいで。みんな重なれ〜。どう？

○この発言をした子どもは、本をよく読んでいるので、いろいろなことを知っている。しかし、他の子どもの語彙力や理解力が追いついていないので、確認しながら進める。

○うまい具合に、しましまの服を着た子どもが五人もいた。全員を集めて、しましまを合わせるように並べた。

全　目がちかちかする～。

T　そうなんだって。しまうまのしましまはね、狙いがつきにくくなるんだって。動物たちがね、目がちかちかして、何が起こっているかよくわからなくなるんだって。だから、しましまが合わさったときは、みんなが力を合わせて敵を追い払うときなんだって。じゃあ、ほかの思ったことあるかな？

三文目にいこうか。

E　三文目で発表します。強い動物ってなんだろう、ぼくはわからないです。

T　強い動物って何？　しまうまよりも強い動物のことだよね？　何だろう？

F　トラとかライオンとかです。

G　付けたします。肉食動物です。

T　肉食動物ということば、勉強したね。

H　チーターとか、ハイエナとかもいると思う。

T　じゃあ、ほかに三文目で発表はありますか。

I　三文目で発表します。逃げられないしまうまもいると思います。多分食べられると思います。

J　他にあります。群れで赤ちゃんを守ったら、多分食べられないと思います。

T　はい、この意見に賛成の人、赤ちゃんを守るように、逃がすようにすると思う人。

全　はーい（十人ぐらい）

◯ここで、友だちの意見を聞いて反対意見が出た。赤ちゃんを守る行動はしまうまに確認されているし、それでも守りきれずに食べられることもあるだろうから、どちらも正しい意見。

T じゃあどうやろね、なんでこんなに早く立ち上がらないといけないんやろうね。次の日には走れるようになるよね。次の日っていうのは、生まれて次の日ってことだよね。なんでこんなに早く走れるようになるんだろうね。ライオンの赤ちゃんとは大違いだよね。目も耳も閉じていて、お母さんに運んでもらわないといけないなんて、あまえてるやろ。しまうまは三十分も経たないうちに立ち上がって、次の日に走れるって、なんで？

K 早く立ち上がらないと、逃げられなくて、死んじゃうからです。

T そうだよね。

L 先生～、一文目で発表したいんだけど…。

T どうしても？　じゃあ発表して下さい。

L しまうまの赤ちゃんが生まれた時にライオンが来たらどうなるの？

T どうなると思う？

L しまうまが固まって守ると思う。

T そういう話を今しとったんやんな。でも、守れなかったら死んじゃうよな。食べられちゃうから。では、ちなみにですが、しまうまって何キロぐらいで走れるか知っていますか。

M 百キロ。

N 百キロはチーターやろ。

T ライオンは何キロで走るか、今日、図書の時間に教えてもらったけど、覚えてる？

T　**O**　六十キロ。

T　そう、時速六十キロ。車と同じぐらいです。しまうまもね、実は六十キロぐらいです。競走したらどうなる？　どうなると思う？　ライオンが勝つと思う人！

全　はーい（十人ぐらい）

T　しまうまが勝つと思う人！

全　はーい（十人ぐらい）

T　引き分けと思う人！

全　はーい（十人ぐらい）

P　引き分けなんかないわ！

T　まあ、引き分けはないやろうな。ライオンが勝ったらどうなる？

Q　しまうまが食べられる！

T　しまうまは死んじゃうけど、ライオンはお腹がふくれる。じゃあしまうまが勝ったらどうなる。

R　しまうまは食べられへん～。

S　でも、ライオンはお腹がすいたままです。

T　ライオンもごはんが食べられなかったら、そのまま死んじゃうかも知れないね。両方とも、生きるためなんだね。それでは、ワークシートを書いてい

○簡単に「百キロ」と言っているが、一年生では速さの学習ができていないので、大半の子どもは具体化できていない。六十キロが「車と同じぐらい」と伝えることで、ライオンとしまうまは「車ぐらいの速さで走る」と具体化した。もっとわかりやすい具体化の方法があれば良いのだが、今後の課題。

こうか。最初は自分で考えてみてね。しまうまが生まれた日にできることは何ですか。

全　わからん〜。

T　増井光子さんが書いてくれているよ。それでは、発表して下さい。生まれた日にできることは？　もう、簡単に短く言って。

U　立てる！

T　簡単や〜。素晴らしい。次の日にできることは？　さっきみたいに簡単に言って。

V　走れる！

T　あ〜簡単や〜。よそへ行くときは？

W　仲間といっしょに行ける。

T　楽勝やったね〜。よう見たら書いてあったね〜。じゃあ、立ちどまりを書こうか。ヒントは、いつも「しまうまの赤ちゃん」で始まっとるね。

X　しまうまの赤ちゃんの歩けるようすです。

T　とてもいいね〜。他には？

Y　しまうまの赤ちゃんの生まれてすぐ。

T　生まれてすぐのようすは、昨日やったやん。「生まれてすぐの歩けるようす」とかにした方がいいんじゃない？　ほかには？

Z　しまうまの赤ちゃんの成長です。

…………………………………………………………

○この辺から時間がなくなってきたので、急いだ。子どももそれを察知して、テンポ良く簡潔な発言をするようになった。

T　成長か〜。どうやろうね。体が大きくなったようす書いてた？　そこまでは書いてないね。歩くことが今日のお話の中心だよね。Aさん、言いたい？　じゃあ最後にどうぞ。

A　しまうまの赤ちゃんがよそへ行くときです。

T　これも、いいかなぁ。じゃあ、こういうことが書けとったらいいです。間違えてたら、また直しといてあげるから大丈夫だよ。じゃあ、これで授業を終わります。

七　授業を終えて

一年生の子どもにとって、初めて読む文章を理解することは簡単なことではありません。ですから、話し合いでは必ず「わからないことば」を出させることからスタートしました。単にことばで説明させるだけでなく、日常生活における例を考えさせたり、動作化を取り入れたりしたことで、よりわかりやすくなりました。これは、子どもの読みの基盤を全体で確認し合うことになり、その後の読み深めに欠かせないことだと思います。

また、授業記録からわかるように、子どもの疑問が話し合いを進める契機となっている場合が多く見られます。たとえば、「敵に襲われたらどうなるんやろ」とか「強い動物ってなんだろう」です。それに対して、他の子どもが応えようとすることで持っている知識を広めたり、想像力をはたらかせていることが窺えます。

さらに、逃げ遅れた赤ちゃんは食べられてしまうのか、あるいは、しまうまの群れで守ることができるのか、意見が分かれて大変おもしろい話し合いへと発展したのですが、教師の方で収れんする方向を示すのが早すぎたかもしれません。

多くの子どもが動物の赤ちゃんに興味を持ち、楽しい話し合いができたと思いますが、教師の方で題材についての情報や知識をできる限り調べておく必要があることを痛感しました。一方、話し合いのルールを身につけさせていくことの重要性についても改めて考えさせられました。

【編著者】（五十音順）
前川　明　児童言語研究会東京支部会長
元東京都町田市公立小学校教育研究会国語部長
三輪　民子　児童言語研究会埼玉支部会長　東京家政学院大学非常勤講師
森　慎　元児童言語研究会委員長　さいたま教育文化研究所委員
山岡　寛樹　児童言語研究会委員長　元千葉県船橋市立高郷小学校教師

【執筆者】（執筆順）
伊藤　信代　神奈川県鎌倉市立富士塚小学校
丹野洋次郎　東京都清瀬市立清瀬第八小学校
野口　静子　埼玉県入間市立黒須小学校
高橋　聖　大阪府豊中市立刀根山小学校

【児童言語研究会】

児童言語研究会では子どもたちの国語力、ことばで考える力を育てるために「一読総合法」という自力読みと集団での話し合い活動を基盤とした授業を提唱し実践しています。また、ことばによる認識力を高めるために、作文、文法、漢字や語彙指導など国語教育全般について研究している会です。

現在、埼玉・東京・神奈川・千葉・名古屋・滋賀・大阪・高知・九州に支部やサークルがあります。中学と高校の教師は「中高部会」を作り活動しています。会員の多くは学校の教師ですが、国語教育に関心のある方はどなたでも参加できます。

ホームページ：http://www.jigenken.com/

編集●粕谷亮美（SANTA POST）
本文イラスト●鳥取秀子
本文デザイン／DTP●シマダチカコ

豊かな読みを子どもたちに
小学国語
文学・説明文の授業1年

2014年4月8日 第1刷印刷
2014年4月8日 第1刷発行

編　者　児童言語研究会
発行者　奥川　隆
発行所　子どもの未来社
〒102-0071 東京都千代田区富士見2-3-2-202
TEL 03-3511-7433　FAX 03-3511-7434
E-mail：co-mirai@f8.dion.ne.jp　http://www.ab.auone-net.jp/~co-mirai
印刷・製本　株式会社文昇堂

 ISBN 978-4-86412-078-4 C0037